KB213013

독립운동가 백용성

잊혀진 100년의 진실

사단법인 백용성조사기념사업회

66

사라져 가는 역사의 한 페이지를 복원하려 합니다.
33인 중의 불교계 대표를 넘어
대한민국의 독립운동가 백용성 조사를 기억해주십시오.
기억해야 역사가 됩니다!

99

이 책을 일제 강점기 독립운동에 투신한 모든 무명의 독립운동가와 그 후손들에게 바칩니다.

목차

3장 3.1운동 이후 항일독립운동의 담대한 도전들   69

서序
독립운동가로서의 재조명
— 기억을 통해 기록하다

서序
독립운동가로서의 재조명
– 기억을 통해 기록하다

1. 의의 : 다시 용성스님[1]

왜 다시 용성스님인가?

왜 다시 독립운동가 용성스님을 조명하고자 하는가?

하나는, 1919년 3.1운동 100주년이 되는 2019년은 이제 더 이상 감출 수 없는 역사적 진실을 밝혀야 하기 때문이다. 다른 하나는, 불교중흥과 백성이 주인되는 '대한정국(大韓正國)'의 비전을 제시한 용성스님의 꿈이 지금 우리 불자들의 오래된 소원과 맞닿아 있기 때문이다. 그리고 3.1운동 100주년이 되도록 아직도 온전히 대우받지 못하는 무명의 독립유공자들과 그 후손들에 대해 빚진 은혜를 조금이

---

1) 용성스님(1864~1940). 16세에 출가, 불문에 입문한 이래 한국 불교를 대표하는 선각자로 널리 알려져 있다. 우리 역사에서 서산대사, 사명대사와 더불어 호국불교를 대표하는 고승으로 손꼽힌다. 가장 많이 알려진 사실은 3.1운동 민족대표 33인 가운데 불교계를 대표해서 서명한 분이다.

라도 갖기 위해서다.(혹여 그늘진 곳에서 체념하고 있는 유족들이 있다면, 비록 100년 전의 파편화된 기억이라도 숨겨진 진실을 당당히 외쳐야 한다.)

2. 기억이 기록이다

'기억'은 과거의 경험을 저장하고 되살리는 행위다. 오늘날 기억이 중요한 이유는 그러한 행위가 현재를 위해 진행된다는 점에 기인한다. 현재의 정치적, 경제적 그리고 문화적 맥락에 의해서 과거는 기억을 통해 다양한 방식으로 재해석되는 것이다. 최근 우리나라에서 문제가 되고 있는 역사(교과서) 논쟁, 위안부 문제 등과 같은 근현대 한일 역사 문제도 어떻게 기억하는가 하는 논의와 관련을 갖는다. … (중략) … 기억과 역사는 과거를 다루는 방법이라는 점에서 동일할지라도, 역사가 과학적 엄밀성과 실증주의적 연구 방법을 강조한다는 점에서 학문적으로 정립되어 인정되고 있는 데 비해, 기억은 주관적이고, 감정적이며, 직관적이라는 측면에서 주목되지 않았다. 하지만 기억과 역사는 개별적인 영역이 아니라 과거를 현재화하는 수단으로 동시에 활용되며 상보적 관계에 있다.[2]

결국 기억은 역사에 의해 부여된 과거에 대한 진리와 그 연구 방법의 객관성에 문제를 제기함으로써, 과거의 구체적 사건과 경험에 다양한 해석과 의미를 부여할 수 있는 가능성을 가진다. 이는 기억이 과거의 모습을 다각도로 보여 줄 수 있는 방법으로 활용될 수 있음과 동시에, 더 나아가 현실 사회와 문화의 본질적인 구조에 근본적인 의문을 제기할 수 있음을

---

2) 태지호. 2014. 『기억문화연구』, 서울:커뮤니케이션북스

의미한다.[3]

따라서 기억은 역사학의 외연을 넓혀 줄 뿐 아니라 학제간 연구로서 다양한 방식으로 과거를 다룰 수 있도록 하는 접점 역할을 한다. 실제 현재 기억 논의는 역사학은 물론이고 사회학, 철학, 심리학, 미디어학, 예술학 그리고 의학과 뇌과학 등에 이르기까지 여러 영역에서 다뤄지고 있다.[4]

위에서 보듯 아직 미흡하지만, 역사학계에서 오래된 역사적 사실을 복원하는 접근에서 '기억'이 갖는 의미, 기억이 또 다른 '기록'으로 인정될 수 있는 가능성을 열고 있음은 매우 의미 있다 하겠다.

독립운동가 용성스님의 행적 연구는 기억과 기록의 경계를 오가는 부분들이 많다. 그럼에도 근현대사의 질곡 아래에서 거의 잊힐 뻔했던 역사적 사실들을 천재적 기억력으로 촘촘히 기억하고 구술해낸 증언자(도문스님)가 아직 생존해있음은 천만다행이다.[5] 이 연구는 기억을 통해 역사적 사실에 접근하고 다시 기록으로 정리하는 접근법을 시도하고자 한다.

도문스님의 증조모(박정)는 당시 전라도 거부(巨富)였던 부친 박형집

---

3) Radstone, S. 2000년. Working with Memory: an Introduction. Radstone, S.(ed.). Memory and Methodology.(pp.1~22). Oxford; New York: Berg.

4) 태지호. 2014. 『기억문화연구』, 서울:커뮤니케이션북스.

5) 도문스님(1935~). 속명은 임윤화. 용성스님의 손(孫)상좌이자 용성스님의 독립운동을 가장 가까이 수행했던 동헌스님의 제자이다. 또한 용성스님의 가장 절친한 동지였던 임동수의 증손자이자, 용성스님의 중국 통역관으로 활약한 임철호의 아들이다. 4세부터 신동으로 유명했고, 불교의 경·율·논에 통달한 삼장법사로 불린다. 대한불교조계종 원로의원이다. 도문스님이 어린 시절부터 귀에 못이 박히도록 반복해서 전해들은 이야기 중에는 비밀을 유지해야하는 독립운동의 특성상, 독립운동가 용성스님의 30여 년간 알려지지 않은 진실들이 다수 포함되어있다.

의 만석을 물려받아 이 재산을 남편 임동수(도문스님의 증조부)와 함께 용성스님의 독립운동을 돕는 일에 나섰다. 용성스님에게 도문스님의 증조부 임동수는 평생의 둘도 없는 벗이자 동업자이자 후원자였다. 도문스님은 어린 시절 조부 임봉래[6](임동수의 장남)로부터 조선사(한국사), 중국사, 사서삼경, 노자, 장자 등을 공부했고, 막내 조부 임봉권(동양화가, 임동수의 4남이자 소파 방정환의 사위)에게서 근본불교, 관법수행, 사념처관 등을 교육받은 신동으로 유명했다. 도문스님의 부친 임철호(봉래 임정준의 아들)는 중국에서 독립운동자금 전달과 용성스님의 통역관으로 수행했고, 아들인 임윤화(후일의 도문스님)를 불가에 출가시켜 용성스님의 손자상좌로 입문하도록 했다. 도문스님의 부친(임철호)은 일본에서 중어중문학을 공부한 엘리트였지만, 항일독립운동에 관여한 전력이 있어 모친 최사달[7]은 부친에 관해서는 평생 자세한 언급을 피했다고 한다.[8]

도문스님의 증언은 크게 두 축으로 이루어진다. 하나는 증조부 임동수, 조부 임정준, 부친 임철호로 이어지는 임씨 문중의 독립운동과 자금조달에 관한 구전(口傳) 기록이고, 다른 하나는 용성스님, 동헌스님으로 이어지는 수법제자로서 독립운동가 용성스님의 독립운동과

---

6) 봉래 임정준이라고 함. 임동수의 아들은 총 4명으로 첫째 봉래 임정준, 둘째 임봉익, 셋째 임봉준, 넷째 임봉권임. 이외 딸이 넷 있음. 원래 봉래는 아호로 나중에 임정준으로 이름을 바꾸면서 봉래 임정준으로 부르게 되었음.

7) 도문스님의 모친(최사달)은 남편 임철호의 독립운동을 후원하고, 외아들인 도문스님을 출가시켰고, 용성스님 유훈실현후원회 초대 회장을 역임했다.

8) 도문스님의 조부(임정준)는 6.25때 손자(도문스님)와 며느리(도문스님의 모친)를 부산으로 피난을 보내고 1950년 9월 9일에 환단고기를 비롯한 고대사 자료와 독립운동 자료들을 모두 불지르고 돌아가셨다고 함.

공적에 관한 구전(口傳) 기록이다. 도문스님은 임씨 가문의 후손이자 용성스님의 손(孫)상좌라는 이중 관계망 속에서 용성스님의 항일독립 운동에 관한 숨겨진 이야기를 가장 많이 들을 수 있었다. 게다가 4세 부터 신동(神童)으로 알려졌을 만큼 비상한 기억력의 소유자였다. 그 뿐만 아니라 도문스님은 10세 이후 지금까지 하루도 빠지지 않고 일 지를 써오셨는데 그 기억을 토대로 정리한 녹취록 분량만도 5,000페 이지에 달한다.

3. 역사는 제자리를 찾아야 한다

일제의 탄압과 잔악함이 점점 극에 달해가던 때 가장 최전선에서 조국을 위해 한 목숨 던지는 데 주저함이 없었던 수많은 독립운동가 들. 그들은 해방된 조국에서 다시 만나 기쁨을 누리기는커녕 공적을 입증할만한 변변한 서류 한 장 남기지 못했고 증언해줄 동지들마저 사라진 경우가 많았다. 어쩌다 살아 남은 후손들은 현대사의 질곡 아 래에서 여러 이유로 숨죽여야 했다. 남은 기록이나 자료들은 불살라 졌다.

3.1운동을 포함하여 일제 강점기 독립운동에 관한 고증이 매우 어 려운 이유다. 친일부역자에 대한 처벌과 독립유공자에 대한 예우가 제대로 이루어지고 있지 못한 것이 3.1운동 100주년을 맞는 지금의 현실이다. 독립운동 역사의 정당성과 긴 세월 동안 독립을 향한 뜨거 웠던 대장정은 오직 소수의 기억 속에서 살아 남았을 뿐이다. 그래서 우리는 지난 100년의 시간 속에서도 면면히 이어지는 '기억' 에 주목

하고자 한다. 독립운동사에 비해 그 역사가 짧은 민주화운동의 역사 또한 살아 남은 자들의 몇몇 기억 속에만 남아 있는 경우가 많기에, 그 긴 세월의 풍상을 버텨온 기억들은 소중하다.

인간의 유한한 기억들은 시간이 지날수록 빛이 바래진다. 세월의 풍화작용에서 자유로울 수 없다. 오래된 역사에 관한 기억은 용어조차 생경하고, 그 시절에 대한 이해의 부족은 오해와 왜곡을 낳는다. 비밀유지가 생명이던 항일독립운동에서 기록은 곧 죽음이 되는 시절이었다.

제국주의의 침략과 주권상실, 독립투쟁, 해방, 분단과 전쟁, 산업화, 민주화의 역사를 치열하게 달려온 대한민국 역사에서 국가 유공에 관한 것은 때로는 정치이념으로 왜곡되기도 하였다. 종종 힘 있는 후손들에 의해 친일 전력이 묻히고 오히려 독립운동가로 인정받는 이들이 있는가 하면, 진짜 독립운동가는 입증할 기록이 없어 그 공로를 제대로 인정받지 못한 경우도 있다.

국립현충원에 친일파 인사가 매장되어 있는가 하면, 정작 독립유공자들을 모실 묘역이 제대로 준비되어 있지 못함은 오늘 우리의 뼈아픈 자화상이다.[9]

"대한독립만세"

---

9) 부친 김진성씨의 독립유공을 제3자가 가짜로 가로챈 사실을 밝혀낸 김세걸씨는 국립현충원에 친일파들이 안장돼 있다는 사실을 알아냈다. ① 만주에서 독립운동가를 토벌하고 박해하던 친일파 김창룡이 훈장을 추서 받고 현충원에 안장됨. ② '장군 제1묘역' 에 안장된 김백일은 일제강점기 간도특설대에서 7년간 복무하며 독립운동 탄압에 앞장서 민족문제연구서가 펴낸 〈친일인명사전〉에 등록됨. ③ '임정요인 묘역' 에 안장된 이응준은 일본 육사 출신으로 만주에서 독립운동을 탄압함으로써 2005년 대통령 직속기관으로 설립된 친일반민족행위 진상규명위원회가 친일반민족행위자로 공식 지명한 인물임. ④ 국가보훈처의 '친일반민족행위자 국립묘지 안장자 현황' 에 따르면 〈친일인명사전〉에 등재된

당시 3.1만세운동에 나선 참가자는 무려 200만 명. 전 국민의 10%에 달했다. 사망자 7,509명, 체포구금자 46,948명,[10] 이 중에서 대한민국 정부가 인정한 독립유공자는 5,070명뿐.[11] 그 외 36년 간 일본제국주의에 맞서 독립운동에 기여한 모든 무명의 독립운동가들은 어떤 공적도 인정받지 못했다. 역사는 반드시 제자리를 찾아야 한다.

4. 연구방법과 구성

이 연구는 기존 구술자료 검토에서 시작했다. 특히 지난 50여년에 걸친 도문스님의 기억을 복원하는 대면 인터뷰와 도문스님이 사적으로 구술한 자료집들을 중심으로 독립운동가 용성스님의 유실된 역사적 기록을 복원하고 의미 있는 '기억'들을 분류하는데 초점을 두었다. 이를 위해 당시 다른 사료들과 비교 대조하는 과정과 도문스님의 증언을 반복 확인하는 작업을 병행해서 진행했다. 또, 일제 강점기 신문기사와 민족대표 33인의 재판기록과 판결문, 천도교와 기독교, 불교계의 관련 증언, 상해 임시정부 관련한 문헌들 외에 여러 증인들의 관련 자료를 비교 검토했다.

도문스님의 오래된 기억들을 근거로 100년의 세월과 대한민국 근

친일파 가운데 63명이 서울현충원과 대전현충원에 묻혀 있음. 이들은 모두 보훈처와 국방부의 소극적 자세로 이장(移葬)이 이뤄지지 않고 있다고 함. 〈시사인〉 2019. 1. 11. 통권 제590호.

10) "3.1운동 일제 강점기 최대의 전 민족적 독립항쟁". 한국사콘텐츠. contents.koreanhistory.or.kr

11) 공훈전자사료관

현대사의 이념갈등 아래서 사라진 흔적들을 모으고 다른 사료들과 비교하며 역사의 중요한 순간들을 복기하는 과정은 짧은 시간내에서는 쉽지 않았다. 본 연구는 새로운 시작일 뿐, 앞으로 다양한 관점에서 더욱 엄밀한 연구 작업들이 이루어졌으면 하는 바람 간절하다. 이를 위해 불교계는 물론, 3.1운동 100주년 이후를 고민하는 대한민국의 지도자들에게 따뜻한 관심과 성원을 부탁드린다.

이 연구의 구성은 다음과 같다.

지옥을 헤매본 사람은 셋 중 하나를 선택하지 않을 수 없다. 도망치거나 혹은 순응하거나, 그것도 아니면 판을 뒤집는 것뿐이다. 어떤 이들은 도망쳤지만 용성스님은 산으로 숨지 않았고, 수많은 종교인들이 순응하고 친일의 길을 택했지만 용성스님은 왜색불교를 거부하는 항일불교운동을 전개했다. 나아가 독립운동가 용성스님은 민(民)의 나라를 세우는 대한정국의 길, 대한독립의 길을 묵묵히 걸었다.

우리는 3.1운동의 준비과정에서 밝혀지지 않은 여러 의문에서 시작하여 상해 임시정부의 준비자금, 윤봉길의사의 의거에서 알려지지 않은 배경, 홍범도장군과 무장투쟁, 동아시아에서 항일로 얽힌 중국의 장제스와 마오쩌둥에 이르기까지 35년간(1906~1940) 용성스님의 항일독립운동 발자취를 되짚어보았다.

먼저 독립운동사의 기록에서 잘 확인되지 않는 역사적 순간들에 감추어진 의혹을 정리하고, 이를 시기별로 분류한 뒤 도문스님의 기억과 관련 사료들을 비교 분석했다.

용성스님은 왜 산중에 머물지 않고 독립운동에 나섰을까? 용성스님은 왜 독립운동의 막후에서 그림자 역할을 자처한 것일까? 용성스님은 3.1운동에서 왜 태극기 사용을 주장했을까? 용성스님은 3.1운동 10여 년 전인 1906년, 왜 고려대장경 보수불사 발원문에서 '대한민국' 국호를 사용했을까? 기미독립선언서를 낭독한 민족대표는 왜 33인이 되었을까? 당시 종교별 인구 대비로 보면 천도교 15인, 기독교 16인, 불교계 대표 2인은 종교간 균형이 전혀 맞지 않았는데 어떻게 된 것일까? 기미독립선언서의 공약삼장, 그중에서도 2항은 기미독립선언서의 기조와는 사뭇 다른 독립투쟁의 강력한 의지를 담고 있는데, 어떻게 만들어진 것일까? 대한민국 임시정부는 왜 상하이에서 출범했으며 임시정부 수립에 필요한 독립자금은 어떻게 조달되었을까? 1930년대 항일투쟁의 의지가 꺾이던 무렵, 불굴의 의지를 보여준 윤봉길 의거는 어떤 과정을 거쳐서 이뤄진 것일까?

그 결과, 이 연구가 주목하고 앞으로 더욱 관심을 가져야할 역사적 사실들을 정리하면 다음과 같다.

1. 용성스님은 당시 일본경찰의 감시와 탄압을 피해 독립운동 자금지원, 독립운동가 양성과 그들의 가족 지원사업 등을 모두 비밀리에 진행했다.

2. 용성스님은 상해 임시정부의 준비자금 조달에서 숨겨진 큰손이었다. 다만, 공식 명의를 피해 임정의 지도자(이승만, 김구 등)들에게 비공식적으로 큰돈을 지원했다. 이 공로를 알고 있는 김구는 해방 후 임정요인 30여인을 대동하고 서울 대각사를 찾아와 용성스님의 재정지원에 감사 인사를 전했다.

3. 용성스님은 독립운동 재원 조달을 위해 다양한 재정사업(금광업, 인삼판매업, 화과원 등)을 운영했고, 이를 기반으로 독립자금을 지

속적으로 조달했다.

4. 윤봉길 의사를 비롯하여 불교 및 사회 각계에서 활동할 독립운동가를 양성, 발굴하고 특히 중국을 무대로 독립운동가 네트워크를 구축하는데 일익을 담당했다.

5. 용성스님은 3.1운동의 거사에 대한 치밀한 사전계획과 33인의 구성, 불교계 명단의 축소와 기독교의 계파 안배 등에 적극 개입했던 조정자이자 종교간 통합을 이끌어낸 지도자였다.

그간 독립운동가로서의 용성스님은 민족대표 33인 중 만해 한용운 선생과 함께 불교계를 대표하여 참여한 분으로만 알려져 있었다. 이 연구의 본론에서 소개할 을사조약 이래 35년간 독립운동에 매진하셨던 용성스님에 관련된 수많은 사실들은 대부분 드러나지 않은 상태로 묻혀 있었다. 이제 100년간 전해온 수많은 '기억'들을 모아 새로운 '기록'의 첫 장을 연다. 이제부터 독립운동가 용성스님의 숨겨진 모습을 만나보자.

시대의 선각자들, '대한민국' 수립을 예언하다

제1장
시대의 선각자들
'대한민국' 수립을 예언하다

1. 시대격변기에 등장하는 예언문화

한민족은 예언의 나라라고 해도 과언이 아니다. 시대의 격변기마다 나라의 앞날을 내다보던 선각자들은 '예언'을 통해 민중들에게 희망을 보여주고, 대안담론을 만들고자 했다. 조선 시대만 하더라도, 무학대사로부터 격암 남사고, 토정 이지함, 반계 류형원, 강산 이서구 등이 예언자로 널리 알려졌다. 조선 후기는 새로운 변화를 갈망하는 민중들 사이에 각종 비결, 비사 등 예언서가 출몰하고 널리 민중들의 지지를 받았다.[11]

---

11) "역사는 사실 기록이 아니라 역사가의 '상상게임'이다", 조선일보. 2006
http://news.chosun.com/site/data/html_dir/2006/12/01/2006120160451.html
백승종. 2006. 「정감록 역모 사건의 진실게임」, 푸른역사
백승종. 2006. 「한국의 예언문화사」, 푸른역사
"저자(백승종)는 '정감록' 같은 예언서들이 조선의 지배 이데올로기, 즉 성리학에 맞서 싸우는 역할을 담당한 일종의 '대항 이데올로기'였다고 본다. 또 그런 예언문화를 주도한 이들은 조선 후기에 성장한 평민 지식인들이었으며, 이들의 저항운동은 오랜 기간에 걸쳐 서서히 성숙, 마침내 동학을 비롯한 신(新)종교로 결실을 맺었다는 것이다."

용성스님과 임동수 집안 관련 예언은 당시 시대상과 결부시켜 살펴볼 필요가 있다. 특히 나라의 명운에 관한 예언은 맞냐, 틀리냐, 혹은 증명할 수 있느냐, 없느냐의 시각보다는 그 예언을 대하는 사람들의 자세에 주목할 필요가 있다. 시대의 소명의식을 가진 이들, 즉 위로는 깨달음을 구하고, 아래로는 만백성을 구하겠다는 서원을 세운 이들이 예언을 이루고자 어떻게 치열하게 전 생애를 바쳤는지 살펴보는 것이, 사회의 난제들로 얽힌 현대의 우리에게도 시사하는 바가 클 것이다.

용성스님의 행적은 예언의 맥락에서 되짚어볼 필요가 있다. 예언 주체로서, 도선국사, 무학대사, 이서구 등으로 이어지는 국운에 대한 예언과, 마하가섭존자에서 환성지안대사, 용성조사로 이어지는 석가여래부촉법의 법맥을 큰 축으로 민족중흥과 불교중흥의 예언을 충실히 이행한 것으로 해석할 수 있기 때문이다.

2. 예언자, 실행자, 계승자

구한말 조선 왕조 멸망을 기정사실화하고, 새로운 시대를 열기 위해 예언을 적극적으로 실현시키고자 한 사람들이 있었다. 최소 백년에서 멀리 천년의 시대까지 예측하며, 그 예언이 실현될 수 있도록 자신은 물론 후대에 이르기까지 전수와 계승 작업을 충실히 해왔다. 특히 용성스님과 연관된 인물들은 예언 실현을 위해 후계자를 선택하고, 유훈을 계승하도록 끝없이 독려하는 모습을 볼 수 있다. 여기에서는 대표적으로 용성스님의 평생의 동반자이자 가장 헌신적인 동지였던 임동수 가문과 혜월스님 등을 중심으로 살펴보기로 한다.

군주제도의 운세는 끝나고, 민주제도의 운세가 시작되리라

이서구(1754~1825년)는 "사대부로서의 역사적 사명을 깊이 자각하여 세도정권의 불의한 탄압에 굴하지 않고 경세제민의 의지를 적극 실천하려 했던"[12] 것으로 평가받는 당대 최고 위정자로서, 정조의 총애를 받던 인물이었다. 시·서·화에 능하고, 연암 박지원의 제자로 연암학파에 속하며, 당대 박제가, 이덕무, 유득공 등과 함께 4대 명문장가로 유명하다. 풍수지리의 대가이자 "서화담, 이토정, 이서구, 이운규, 김일부로 이어지는 조선조 유가(儒家) 도맥(道脈)의 반열에 올라 있는 인물로 평가받으며, 재야의 학문인 천문과 지리에 능통했다고 평가받았던 당대의 이인(異人)"[13]이다. 이서구에 대한 백성들의 신망이 얼마나 높았는지는 당시 이서구가 주인공으로 등장하는 각종 설화[14]들만 보아도 잘 알 수 있다.

1786년(정조 10년) 한성부 판윤 이서구(당시 33세)는 정조와 장장 7년 동안 나라의 앞날에 대한 문답을 주고받았다고 한다.

---

12) 남재철. 2012. 「강산 이서구의 삶과 문학세계」, 소명출판

13) "전라감사 이서구, 그는 누구인가" 새전북신문. 2014.
    http://www.sjbnews.com/news/articleView.html?idxno=456297

14) 전라북도 진안에는 이서구와 관련된 전설로 '아전들의 노름 버릇을 고친 이서구', '이서구가 지목한 명당을 차지한 전주 유씨', '진묵 대사의 후신으로 태어난 이서구', '흑칠백장을 먹고 도통한 전라 감사 이서구' 등이 알려져 있다.
    디지털진안문화대전, http://jinan.grandculture.net/Contents?local=jinan&dataType=01&contents_id=GC05801739

"도선국사와 무학대사와 제(諸) 예언가들이 예언하기를 고려왕조 운세가 5백년이고, 조선왕조 운세가 5백년 운이라고 하니, 그 다음의 운세를 말해보라"는 정조의 질문에, "대왕마마시여, 목숨을 걸고 사실대로 아뢰옵니다. … 도리천 33천 제석천왕 환인 천주의 손자요, 환웅천왕의 서자이신 단군 국태조 개천이래 … 조선왕조까지는 군주 제도의 운세로 이어지다가 이후부터는 민주제도로 운세가 시작되리라는 것이 신라말 고려 초기의 도선국사와 고려 말 조선 초의 무학대사의 예언을 위시한 제 예언가의 예언[15]"이라고 답변했다. 조선왕조의 몰락을 예언함과 동시에 백성(民)이 주(主)인이 되는 시대가 출현할 것임을 예고한 것이다. "임금이 없고(군주제도의 운세가 끝나고), 백성이 주인 되는(민주제도의 운세가 시작되는) 세상이 곧 도래할 것"이라는 사상은 당시 사회에 널리 퍼져있는 시대상과 맥을 같이 한다.

15세기 말부터 시작된 민중신앙적·사상적 분기(奮起)는 조선 통치권력의 기반이었던 성리학적 지배질서와 다른 궤적을 보여준다. 15세기 말에서 19세기 말엽까지 조선은 변화무쌍한 사상적 흐름이 아래로부터 분기하고 있었다. 실제 임진왜란과 병자호란의 대전란, 그리고 소빙기(1490~1760) 대기근의 지속, 15세기말 연산군 때의 홍길동, 16세기 중후반 명종 때의 임꺽정, 17세기 말엽 숙종 때의 장길산 등 의적들의 활동, 불만유생들의 광범한 산재, 각종 도참설적 이상사회론, 새로운 정치사상의 대두 등으로 조선의 왕권은 크게 동요했다. 18세기 신분적 변동의 토대 위에 '문해인민'

---

15) 죽림정사. 2017. 「대한민국 3부요인과 위정자와 종교지도자와 사농공상 전 국민에게 드리는 호소문」. 「도문스님 녹취록4(천룡사에 대하여)」. p18.

을 양성하는 서당의 기능 강화로 이런 사상과 예언서들이 민의 영역에서 광범위하게 유포될 수 있었고, 때로 이 자발적 결사체가 직접적인 정치적 저항세력으로 등장하기도 했다는 사실에 주목할 필요가 있다.[16]

구한말은 특히 외세의 침략에 국가의 안위 자체가 흔들리는 상황 이었다. 점점 국가 부재의 시대로 접어드는 시기에 민(民)의 자발성과 저항성이 눈에 띄게 높아졌다. 이어서 '임금 없는 세상'과 '백성이 주인 되는 나라'를 꿈꾼 이들은 개화파 지식인들이 아니라, 최제우·전봉준 등과 같은 현장의 혁명가들이었다. 그들은 민중의 고통을 가장 일선에서 지켜보고 함께 아파했다.

천룡사[17] 예언과 혜월스님의 유훈 : 대한정국 800년의 대운

삼국유사에는 '토론삼한집'을 인용해 당나라 악붕귀가 "이 절(천룡사)을 파괴하면 나라가 망할 것"이라는 예언이 소개돼있다. 1688년(숙종 14년), 천룡사의 천은 스님 등은 조선왕조 멸망 이후 대한정국 8백년 대운의 문호가 이곳 천룡사에서 열리기를 발원하며, 호국호법 3부경 중 묘법연화경 7권 등을 발간하기도 했다.[18] 1759년(영조 35년)에는

---

16) 이영재. 2018. "조선은 민(民)의 나라인가? 조선후기 근대적 전환 양상에 대한 정치사상적 재조명을 중심으로". 「2016년 제3회 한국정치연구회 정례 세미나」. 한국정치연구회. pp17-18.

17) 일연, 『삼국유사』
『토론삼한집(討論三韓集)』에는 다음과 같이 기록되어 있다. "계림(鷄林)의 땅에는 객수(客水) 두 줄기와 역수(逆水) 한 줄기가 있는데, 그 역수와 객수의 두 근원이 천재(天災)를 진압하지 못하면 천룡사가 뒤집혀 무너지는 재앙에 이른다." 중국 사신 악붕귀(樂鵬龜)가 와서 보고 말하기를, "이 절을 파괴하면 나라가 망할 것이다"고 하였다.

"앞으로 4번째 기묘년을 맞이하는 83갑자 기묘년에 대한정국 8백년 대운의 문호"를 열기 위해 발원하며, 범종을 조성하고 종을 울렸다.

이서구가 고위산 천룡사를 참배했을 때, 이 절의 스님에게 "조선왕조 멸망 후 83갑자 기묘년에 고위산 천룡사에서 대한정국 8백년 대운의 문호를 열고, 25년 후인 갑진년에 백두대간 중심지 죽림촌에서 대한정국 8백년 대운의 문호를 고정 확정짓게 된다"는 예언을 듣게 된다. 또 "조선왕조 제21대 영조대왕 5년(1729년)에 순교한 석가여래부촉법 제67세 환성지안조사께서 1백년 후에 백두대간 중심지 장안산하 죽림촌에 환생하여 석가여래부촉계대법으로 이어질 수 있도록 한다"[19]는 예언을 전해 듣는다.

통일신라 말엽 천룡사가 화재로 파괴된 뒤 통일신라가 멸망했고, 고려초 최치원의 고손자 최제안이 중창했는데, 고려 말기에 또 화재로 소실됐다. 조선 초 무학대사가 조선을 위해 삼창했는데 영조 35년(1759년)에 유생들의 방화로 천룡사 조실 큰스님이 법종과 금고를 조실방으로 급히 옮기려다 돌아가시고, 시자스님은 화상을 입는다. 이 소식을 들은 지리산 실상사의 한 스님이 천룡사로 가서 화상을 입은 스님을 스승으로 모시게 된다. 스승으로부터 천룡사에 얽힌 내력을 소상히 전해들은 제자는 그 후 묵언정진하여 무명(無名)의 고승이 되었고, 이후 덕밀암 혜월스님과 교류를 하게 된다. 혜월스님[20]은 이 무명 고승으로부터 천룡사의 내력을 자세히 전해 듣고 제자인 용성

---

18) 천은, 조명, 덕종, 지문, 도신, 묘혜, 태행 스님 등이 주도.

19) 죽림정사. 2017. 「대한민국 3부요인과 위정자와 종교지도자와 사농공상 전 국민에게 드리는 호소문」 『도문스님 녹취록4(천룡사에 대하여)』. pp23-24.

20) 19세기 중엽인 1860년대는 국내 정치는 물론 천주교가 전파되면서 사회적으로도 혼란

스님에게 그 내력과 함께 유훈10사목을 전한다. 여기까지가 천룡사 전설이 혜월스님으로부터 용성스님에게 전해진 과정이다.

　용성스님은 혜월스님의 안내에 따라 천룡사[21]를 직접 찾아가 혜월스님과 교류했던 무명 고승으로부터 9년에 걸쳐 가야불교, 백제불교, 고구려불교, 신라불교 등 초전법륜지에 얽힌 역사와 정신을 전수받았다.

　혜월스님은 용성스님에게 천룡사의 전설을 전하는 한편, 대한정국 8백년 대운을 열기 위한 방도로써 유훈10사목[22]을 남겼는데 이 내용은 용성스님이 동헌스님에게, 다시 도문스님에게로 이어져왔다.

ス러운 시기였음. 최제우는 유불선을 통합해 민족종교인 '동학'을 창립하고, 무능한 왕권과 관료의 수탈 아래 신음하던 백성들을 구제하기 위해 신분제 타파 등 반봉건과 반외세 운동을 벌임. 1861년 최제우는 혜월스님의 도움으로 남원 덕밀암에 은거. 혜월스님과의 교감 속에 '포덕문(布德文)'과 '논학문(論學文)' 등을 저술하며 동학 교리와 사상을 체계화함.

21) 훗날 천룡사는 1819년(순조 19년) 영남 유생들이 "중들이 천민 주제에 양반 못지않게 활기 있게 움직인다"며 불을 질러 또 다시 전각이 모두 소실되고, 범종도 손상을 입었다.

22) "나 혜월은 남원 덕밀암 은적당에서 동학교주 수운 최제우 대신사와 개벽의 문호를 열었다는 이유로 승려 자격을 박탈당하여 교룡산성 안에 귀양살이를 하게 됐느니라. 남원부사의 허락 아래 본사인 지리산 실상사에 한달에 한번씩 가서 식량을 가지고 온다는 구실로 바깥 출입을 했었다. 백행자(용성스님)는 석가여래부촉법 제67세 환성 지안조사의 후신으로서 대한정국 8백년 대운의 문호를 여는데 이바지해야 하니, 기묘년에 신라 천년고도 경주 고위산 천룡사 폐허 성지를 4번째로 건립하는 불사를 하여, 하느님의 후손인 대한정국 8백년 대운의 문호를 1천명 사부대중과 함께 열도록 하여라. 그 25년 후 백행자가 출생한 백두대간 중심지 죽림촌에서 갑진년에 1만 사부대중이 대한정국 8백년 대운의 문호를 고정 확정지으라'고 교시함.

나라를 구할 도인의 출현을 준비하라

정조는 1793년 이서구(당시 40세)를 전라도 관찰사[23]로 명하여, 나라의 국운을 열도록 미리 안배했다. 이서구는 죽림촌에서 나라를 구할 도인(용성스님) 출현을 예언[24]하는 한편, 순창에 사는 임상복을 찾아 그 도인을 후원하라고 하며, 풍악산 발우봉의 명당에 산소를 쓰고, 3대의 복을 짓도록 했다.

임상복은 고려 충신 두문동 72현의 대표인 휴암 임선미 태학사의 13세손으로 전라북도 순창 지역의 유력인사였다. 이서구는 영조 27년(1751년) 두문동 72현을 위한 비석을 세우고, 왕명으로 제사지낸 것과 정조 7년(1783년)에 표절사라는 사당을 세운 것 등을 임상복에게 상기시키고, "왕대밭에 왕대가 나는 법이니 반드시 충신의 가문에 충신이 나는 법이다."[25]라며, 나라에 충성할 수 있는 방도를 구하라 이

---

23) 정조실록 38권, 정조 17년 8월 16일자에 따르면, "전라도 관찰사 이서구가 사폐하였다. 상이 소견하고 이르기를, '본도(전라도)는 이제 겨우 기민 먹이는 일이 끝났다. 올 가을은 풍년이 들 희망이 있기는 하지만, 굶주리던 끝이어서 백성들의 생활에 대한 관심이 누그러지지 않는다. 경은 모쪼록 특별한 관심을 기울여 기필코 소생시키도록 하여라.' 하였다."라고 기록됨. 전라도 관찰사로 임명받고 이서구가 임금께 하직인사를 올리고, 정조의 당부가 이어지는 장면이다.

24) 이서구가 남긴 예언시는 다음과 같다.
長安來龍至頭處 (장안래룡지두처) 장안산에서 내려온 용의 머리가 이르는 곳은
穴在高峰上上頂 (혈재고봉상상정) 높은 봉우리 위의 정상의 산혈에 있음이로다.
積德何人來占處 (적덕하인래점처) 지혜와 복덕이 구족한 도인이 머물러 지키면
金八銀三富如海 (금팔은삼부여해) 동방복 우리나라에 금은이 가득한 부유국이 되리로다. 죽림정사. 2017. 『도문스님 녹취록4(천룡사에 대하여)』

25) 영조 27년 당시 두문동 72현을 위한 제사를 지낼 때 그 후손들의 대표들에게 참례하라고 하였으나 아무도 온 자가 없었고, 다만 임선미의 후손만 참례했다고 함. 임선미의 후손들의 기백이 당당하고, 충신 중의 충신 가문이라는 점을 치하한 것. 명문 충신가인 만큼 대한정국 8백년 대운의 문호를 열게 될 도인을 맞이할 준비를 하라는 의미로 보여짐.

른다.

이서구의 예언대로, 1백년 후 용성스님이 태어났다. 1864년 음력 5월 8일 전북 남원군 번암면 죽림리 252번지(현재 장수군 번암면 죽림리). 수원백씨 남현공의 5남매 중 장남으로 명호는 상규, 족보명은 형철, 법명은 진종, 법호는 용성이다.

용성스님이 태어난 해인 1864년은 고종 1년으로 흥선대원군이 막 집권했을 때였다. 동학 최제우가 처형된 해이기도 하다. 용성스님은 태어나자마자 격랑의 근대사와 함께 시작한 셈이다. 용성스님은 서당에서 유학 경전을 두루 학습하고, 1877년 14세에 남원 덕밀암 혜월스님에게 출가했다.[26] 용성스님은 안으로는 개인의 깨달음을 구하는 한편, 조선왕조의 몰락으로 고통 받는 민중의 편에 서서 나라의 독립과 백성이 주인 되는 나라의 건설을 위한 운동에 매진했다.

---

26) 용성스님은 출가하기 전 꿈에서 부처님으로부터 수기를 받았다는 일화가 전해진다. 1877년 10월 15일경 꿈에 붉은 색 수탉 수십 마리가 울어대고 해와 달이 밝아 마음에 환희심이 일어남. 남쪽으로 50리를 가니 산 하나가 우뚝 솟아있는데, 암자가 있어 법당에 들어서니, 성전 탁자 위에 부처님이 나란히 앉아 계심. 부처님 왼편의 좌불이 용성스님을 불렀는데, 부처님이 금손을 들어 이마를 만지시고, 오른손을 잡아 손바닥에 이(唎)자를 써주시며, 큰소리로 "너에게 불타 조사의 정법안장을 부촉하노니 너는 명심하여 잊지 말지어다"라고 말씀하면서 꿈에서 깨어났다고 함. 이후 길을 걷다가 남원 지리산 교룡산성 덕밀암에 이르러 참배를 하러 들어갔는데, 불상을 보니 꿈에서 친견한 부처님이었다고 함. 이때 한 노승이 백씨 학동이 아니냐며 반김. "나는 덕밀암 조실 은적당에 있는 혜월이라는 노장일세. 이 노장도 어젯밤 꿈에 석가여래불세존님께서 그 수법제자 석가여래부촉법 1세 마하가섭존자로부터 … (중략) … 환성지안조사의 손을 잡고 따라온 백씨 동자승이 법복을 수하고 환성 지안조사의 후신(후래)"이라며, 혜월스님도 용성스님에 대한 꿈을 꾸고 기다리고 있었다는 일화임. 죽림정사. 2007. 『용성진종조사 · 동헌완규조사 · 불심도문조사 3대대사연보』. 재단법인 대한불교 조계종 대각회 출판부. p138.

평생의 조력자, 임동수와 임씨 집안

용성스님의 숨은 조력자이자 평생의 동지였고 재가신자이자 형제와 같은 이가 바로 사은 임동수다. 임동수는 1865년생(고종 2년)으로 임상복의 증손자인 임상학의 셋째 아들로 태어났다.

용성스님과 임동수의 만남은 혜월스님이 이어준 것이다. 혜월스님은 최제우를 숨겨준 죄로 승적을 박탈당하고 덕밀암에 격리된 상태였으나 실상사만은 오갈 수 있었다. 용성스님을 데리고 실상사에 다니러 가는 길에 신자였던 임상학의 집에 들렀다가 임동수를 만나게 된 것인데 이때가 용성스님이 열네 살, 임동수가 열세 살 되던 해다. 임동수의 어머니 박씨가 "내 아들 임동수가 열 세 살입니다. 서로 인사하고 죽마고우(竹馬故友)가 되십시오"라고 인사를 시켰다고 한다.

용성스님은 사흘 동안 이 집에 머물렀는데, 혜월스님은 임상학과 나라의 장래를 걱정하고, 용성스님과 임동수는 서로 학습한 내용을 주고받았다[27]고 한다. 만난 지 사흘 만에 십년 넘게 사귄 벗처럼 친해져서 헤어지기 아쉬워하는 모습을 보고, 혜월스님이 실상사 가는 길에 임동수를 동행시킨다. 이 실상사 행은 용성스님과 임동수 두 사람에게 앞으로의 인생 향방을 결정짓게 된 중요한 전환점[28]이었다. 용

---

27) 용성스님과 임동수는 사서오경과 대방광불화엄경 등 각자의 배움을 나누었고, 용성스님이 노자와 장자를 아직 배우지 못했다 하니, 임동수가 아버지의 허락을 받고 노자와 장자 책을 빌려주었다는 일화가 있다. 죽림정사. 2007. 「3대대사연보」 p138.

28) 도문스님의 구술자료에 따르면, 혜월스님이 일행과 함께 실상사 대웅전에 참배를 마치고 나오면서 "금구 모악산 금산사 3층 미륵전이 구례 지리산 화엄사 2층 각황전만 못하고, 구례 지리산 화엄사 2층 각황전이 운봉 지리산 실상사 1층 큰 법당만도 못하다. 우리나라에서 제일 크고 아름답다고 하는 실상사 대웅전에서 백행자와 임동수 학동이 함께

성스님과 임동수가 일생을 통해 다른 듯 닮은 행보, 일심동체의 행적을 시작하게 된 출발점이 됐기 때문이다.

임동수는 운봉 만석꾼 박형집 첨사의 딸 박정과 혼인해 본인도 만석꾼이 됐다. 박형집은 딸이 태어난 이후 재산이 불어났다며, 아들 박봉주에게 1만 석을 주는 한편, 딸 박정에게도 1만 석을 유산으로 남겼다. 훗날 임동수와 그의 처남 박봉주는 용성스님과 함께 3.1독립운동 이후 만석꾼[29]의 재산이 다 없어질 때까지 독립운동 자금을 물심양면으로 후원하게 된다.

이로써 나라를 구할 방도를 찾을 도인으로 예언된 용성스님과 그의 조력자 임동수는 전 생애를 걸쳐 민족중흥과 불교중흥에 매진하는 한편, 대한정국 8백년 대운의 문을 여는 '실행자'로 헌신했다.

부처님께 예배를 하였으니 부디 높고 넓고 크고 깊은 원을 세우시오."라는 당부 말씀을 했다고 한다.

29) 만석꾼은 오늘날 재벌에 비유됨.

대한민국 수립 운동과
태극기 사용

제2장
대한민국 수립 운동과
태극기 사용

　　예언의 주인공 용성스님은 어떤 생애를 보냈을까? 용성스님은 불교개혁과 민족의 자주독립[30]에 온 생애를 헌신했다.

　　용성스님의 독립운동 행적으로 대표적인 것은 첫째, 3.1운동 민족대표 33인 중 불교계를 대표한 서명, 둘째, 대규모 인삼교역과 농장(화과원 등) 운영 등으로 독립운동 자금 지원, 셋째 항일불교운동이다. 당시 3.1 독립운동 불교계를 대표해 주도적 행보를 보인 것은 한용운이며, 용성스님은 한용운의 제안을 받아 단순히 동참한 것으로 알려져 있다. 1912년 한용운 등이 주축이 되어 임제종을 건립하고 포교할 당시 용성스님이 개교사장(일종의 조실)으로 추대된 인연이 있어 민족대표 33인으로 참가하게 됐다는 설명[31]이 공개된 기록의 전부다. 정부에서 편찬한 한민족독립운동사 자료집의 3.1운동 독립운동사 자료에서도 동일한 인식이 드러난다.

---

30) 죽림정사. 2017. 『도문스님 녹취록1(용성진종조사 간략연보)』. p195. (동일한 내용이 언급돼있음.)

31) 김광식. 2017. "백용성 사상과 민족운동 방략". 『백용성연구』. 동국대학교출판부. p62.

조선총독부 경기도 경찰부 일제감시대상 인물카드에 올려진 용성스님
(속명:白相奎)

3·1독립운동에서 불교계의 전면에 서서 활동하고 이를 주도해 나간 것은 널리 알려져 있는 바와 같이 한용운이었다. 그가 3·1독립운동의 계획과 준비과정에서 담당한 역할은 매우 중요하였다. 그는 불교계의 민족지도자 구성에서 박한영(朴漢永)·진진응(陳震應)·도진호(都鎭鎬)·오성월(吳惺月) 등을 비롯한 불교계의 영도자들과 교섭하였으나 불교의 선승이라는 특수 신분이라는 점과 지방의 깊은 산간에 자리 잡고 있는 사찰과의 교통 및 연락의 지연 등으로 시간이 급박한 상황 아래서 독립선언서의 인쇄 등 어려움이 겹쳐 연락이 손쉬운 서울 종로 3가 대각사(大覺寺)에 있던 백용성(백상규)에게만 서명을 받을 수 있었다.[32]

용성스님의 고등법원 신문조서[33]를 보면, "한용운에게 들었으므로 그렇게 생각하고 운동에 참가할 것을 승낙"했으며, "선언서를 본

---

32) 국사편찬위원회. 1989. 「한민족독립운동사자료집 9: 삼일운동과 국권회복단,삼일운동과 천도교성미」. 국가기록원.

33) 「백용성 신문조서」, 『한민족독립운동사 자료집』 12권(3.1운동Ⅱ).
한국사데이타베이스, http://db.history.go.kr/item/level.do?setId=31&itemId=hd&synonym=off&chinessChar=on&page=1&pre_page=1&brokerPagingInfo&position=21&levelId=hd_012r_0010_0320

일도 없다"[34]고 답한 것으로 기록에 남아 있다.

　과연 용성스님은 신문조서에서 밝힌 대로 한용운의 권유에 동참한 것뿐일까?[35] 불교계 인사가 한용운과 용성스님 2인에 불과한 이유가 단지 이동 거리의 문제였을까? 용성스님의 상좌 동헌스님의 회

---

34) 위 백용성 신문조서 내용을 인용하면 다음과 같다.

　문 금년 2월 27일에 韓龍雲의 권유로 조선독립운동에 참가하고 3월 1일에 명월관지점에서 선언서를 발표하고 그 자리에서 체포된 사람으로서 그 사이에 독립운동에 관하여 취한 행동, 기타 사항은 피고가 전에 지방법원 예심에서 진술한대로 틀림이 없는가.

　답 틀림없다.

　문 독립운동의 방법은 무엇인가.

　답 독립선언를 배포하면 자연 일본에서도 조선이 독립을 희망하고 있다는 것을 알고 독립을 승인해 주리라는 것을 韓龍雲에게서 들었으므로 그렇게 생각하고 운동에 참가할 것을 승낙하고 나도 선언서에 이름을 내기로 했다. 그 밖에 청원서를 만들어 일본정부나 총독부, 강화회의의 각국 대표자 등에 보낸다는 것에 대해서는 아무것도 듣지 못했었다.

　문 선언서를 배포하면 그것으로 곧 독립이 얻어진다고 믿었는가.

　답 그렇다.

　문 선언서에는 어떤 것을 쓸 생각이었는가.

　답 나는 선언서를 본 일도 없으나 韓龍雲의 말로는 무기를 가지고 하는 것이 아니고 난폭한 짓을 하는 것도 아니고 다만 온건한 태도로 서면으로써 독립을 선언하는 것이라고 했으므로 그런 취지로 선언서는 씌어질 것으로 생각했다.

35) 당시 시대상황에서 신문조서를 다음과 같이 해석할 수 있다. 첫째, 신문조서 내용을 액면 그대로 해석하면 오류가 발생한다. 조선총독부에서 확실한 증거를 보이기 전까지 대부분 누군가의 권유를 받고, 큰 뜻에 찬동하므로 참가했다고 대답했다. 이를 두고 민족대표들이 소극적으로 참가했다며 인색한 평가를 내리는 경우도 있지만, 신문조서 내용을 100% 진실로 받아들이는 것은 시대상황에 대한 무지일 뿐이다. 당시 3.1운동의 거대한 물줄기는 천도교의 인력과 교세, 재정 지원 등이 없었으면 불가능했을 것이다. 기록되지 않은 이면의 활동과 내용을 더 추적하고 밝혀야 할 것이다.

둘째, 워낙 비밀리에 움직였기에 각자는 제한된 역할 속에서 움직였다. 그렇기에 누가 어떤 역할을 했는지는 극소수의 주모자를 제외하고는 전모를 파악하고 있었다고 보기 어렵다. 마지막으로, 용성스님은 드러나지 않은 위치에서 큰 그림을 그리고, 방향을 제시하는 역할을 담당했다. 용성스님은 민족대표 33인의 독립선언서 발표와 3.1운동이 '대한민국 수립운동'으로 나아가야 한다고 생각했다.

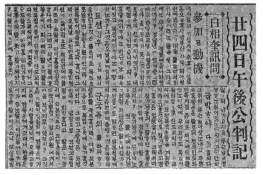

용성스님(속명:白相奎) 심문기사 (매일신보. 1920. 9. 26)

고에 따르면, 용성스님과 한용운은 스승과 제자의 사이라고 해도 무방했다.

서울 우면산에 있는 대성초당에서 용성스님은 만해스님과 함께 국제정세와 국내사정 그리고 다른 종교들과의 관계에 대해 의견을 교환하곤 했습니다. 용성스님이 체(體)가 되고, 만해스님이 용(用)이 되어 호국호법을 서원했던 것입니다. 만해스님은 용성스님을 심중(心中)의 스승님으로 모셨습니다. 만해스님은 호국(護國)을 담당하는 대용(大用)이 되고, 용성스님은 호법(護法)을 담당하는 대체(大體)가 된 것입니다. 이 대용과 대체가 굴려져 천도교와 기독교 장로회와 감리회, 그리고 불교 지도자들이 호국의 손을 잡게 된 것이 바로 기미년 3.1독립운동 정신의 씨앗이 되었습니다.[36]

동헌스님의 증언에 따르면, 한용운이 3.1운동에서 드러나는 역할을 맡았다면, 용성스님은 드러나지 않은 역할로 서로의 역할분담이 이뤄진 것임을 알 수 있다. 이 장에서는 용성스님의 드러나지 않았던 역할을 살펴보고자 한다.

---

36) 동헌스님이 도문스님에게 구술한 내용. 죽림정사. 2007. 「3대대사연보」. pp201-202.(동일한 내용 기록)

1. '대한민국' 국호 탄생의 배경

'대한민국'은 언제 처음 등장하는가

1897년 10월 12일 고종은 국호를 '조선'에서 '대한(大韓)'으로 선포했다. 국호를 '대한'으로 한 이유를 황제 반조문(頒詔文)에 다음과 같이 밝히고 있다.

> 짐은 생각건대, 단군(檀君)과 기자(箕子) 이후로 강토가 분리되어 각각 한 지역을 차지하고는 서로 패권을 다투어 오다가 고려 때에 이르러서 마한(馬韓), 진한(辰韓), 변한(弁韓)을 통합하였으니, 이것이 '삼한(三韓)'을 통합한 것이다. … (중략) … 짐이 덕이 없다 보니 어려운 시기를 만났으나 상제(上帝)가 돌봐주신 덕택으로 위기를 모면하고 안정되었으며 독립의 터전을 세우고 자주의 권리를 행사하게 되었다. … (중략) … 국호를 '대한(大韓)'으로 정하고 이 해를 광무(光武) 원년(元年)으로 삼으며, 종묘와 사직의 신위판(神位版)을 태사(太社)와 태직(太稷)으로 고쳐 썼다.[37]

이와 같이 '대한국'은 패권다툼으로 분열된 나라 삼한이 아니라, 통합된 '삼한'에서 '대한'의 기원을 찾고, 조선을 부정한 것이 아니라 계승한 것임을 천명하며, 독립과 자주의 권리를 행사하기 위한 것임을 분명히 밝히고 있다.

---

37) 국사편찬위원회, 『고종실록』(1897, 기해/대한 광무1년/10월 13일 2번째 기사), http://sillok.history.go.kr/id/kza_13410013_002

'대한국국제(大韓國國制)[38]' 제1조에도 "대한국은 세계만국의 공인되어온 바 자주독립해온 제국"임을 밝히고 있다.[39] 김명섭(2016)은 이를 "대외적으로 주권국가임을 선언하고 국제적 지향성을 가졌던 것만큼 중요했던 특성은 '한국(韓國)'이라는 국민국가의 정체성과 '한국민(韓國民)'이라는 국민정체성이 형성되기 시작했다"[40]고 평가한다.

그렇다면 '대한민국'이라는 말은 언제 처음 등장할까? '말'은 기록에 남지 않으나, '글'은 기록에 남는다. 대한제국 시기에 '대한', '한국', '한'의 명칭을 사용한 언론매체들이 속속 발행되기 시작했는데, 이 매체들에서 매우 드물지만 '대한민국'이라는 말이 사용된 것을 확인할 수 있다.

황태연(2015)이 발견한 『대한매일신보』의 1907년 1월 6일자 한문판[41]과 1909년 5월 30일자 국한문 혼용판[42]에서는 '대한민국' 사용이 원문에서 확인된다. 1907년부터 '대한민국'이라는 용어가 언론매체에 등장한 것은 1905년 을사조약 체결로 사실상 국권을 상실한 것과 무관하지 않다. 고종의 황제권 중심의 근대 국가 구상은 1882년 임오군란, 1884년 갑신정변, 1894년 갑오농민전쟁(동학농민운동), 청일전쟁, 1895년 을미사변, 1896년 아관파천을 거치면서 무너져 내린

---

38) 1899년 8월 17일에 반포된 대한제국의 근대 헌법.

39) 국사편찬위원회, 『고종실록』(1899, 대한 광무3년 8월 17일. 2번째 기사).

40) 김명섭. 2016. "조선과 한국 : 두 지정학적 관념의 연속과 분화." 「한국정치연구」 제25집 제1호

41) "上政府書", 대한매일신보(국한문)[大韓每日申報(국한문)], 19070106, 第四百十一號(第五卷) 국립중앙도서관 「대한민국 신문 아카이브」 http://www.nl.go.kr/newspaper/

42) "哭裴說公", 대한매일신보(국한문)[大韓每日申報(국한문)], 19090530, 第壹千壹百九號(第七卷) 국립중앙도서관 「대한민국 신문 아카이브」 http://www.nl.go.kr/newspaper/

국가의 기강과 질서를 회복하거나 새롭게 변모시키기에는 역부족이 었다. 새로운 정치체제를 꿈꾸던 사람들이 '대한', '한', '민족', '국 가' 등의 용어를 다양하게 사용했음을 발견할 수 있다.

그러나 '대한민국'이라는 용어가 한두 군데 발견된다고 해서, 근 대 민주주의 국가를 뜻한다고 볼 수는 없다. 당시 개화파 지식인들이 생각하는 '민(民)'에 대한 생각은 '주권자'로서의 개념과는 차이가 있 었다. 개화파 지식인들에게 '민'은 '개화하지 못한' 존재였고, 아직 새 나라를 이끌어갈 '주인'은 아니었다. 김동택(2010)은 독립협회가 흔히 민주정을 주장한 것으로 알려졌지만, 개화파 지식인들이 일반 인들의 참정권에 회의적이었음을 지적한다.[43]

'대한민국 수립'을 발원하다

공식 기록에는 없지만 '대한민국'이라는 국호는 당시 개화파 지식 인 계층과는 거리가 먼 용성스님에게서 발견된다. 동헌스님과 도문 스님의 구술 자료에 의하면, 1906년 용성스님(당시 43세)이 고종에게 해인사 고려대장경 경판 보수 불사를 요청하면서 처음으로 등장한 다. 용성스님은 최창운(상광명) 상궁과 고봉운(대일화) 상궁, 그리고 임 상궁(고종의 최측근)을 통해 고종황제에게 고려대장경 경판 보수 불사 를 강력히 요청했다.

---

43) 김동택(2010)은 "독립협회는 인민을 강조했지만 주권을 가진 인민 즉 국민은 부정했다. 또 의회를 강조했지만 지식인이나 특권 세력에 의한 의회를 주장했다."고 평가한다. Ibid., p108.

조선 건국시기 고려 왕조의 왕손인 왕씨를 편안한 곳으로 이주시키겠다고 하고, 여러 척의 배에 태워 수장한 바 있습니다. 이때 왕씨의 9할이 전몰되었습니다. 고려왕조는 불교를 숭상했으나, 조선왕조는 숭유억불정책으로 스님을 천민으로 전락시키고 도성 출입을 금지시키는 등 여러 죄를 저질렀습니다. 도선국사와 무학대사, 이서구 외 많은 예언가들이 고려왕조 5백년 운, 조선왕조 5백년 운을 말했듯이 이 운세는 인력으로 막을 수가 없습니다. 고종황제께서 대한제국의 문호를 열었으나, 조선왕조의 운세를 막을 수는 없습니다. 조선왕조가 운세에 따라 멸망한다고 하더라도, 조선왕조 이씨는 화를 당하지 않아야 하지 않겠습니까. 이 화를 면하려면 복을 지으셔야 합니다. 고려 대장경 판식이 세월이 가서 경판 판각의 철장식이 떨어지고, 자획이 더 마멸되지 않도록 경판을 보수하는 불사를 봉행하셔야 합니다.[44]

임상궁은 고종의 후궁인 귀인 정씨를 통해 위 내용을 전달했고, 고종은 임상궁에게 밀명을 내려 용성스님을 궁으로 모셔오도록 했다. 고종은 용성스님을 만나 고려대장경 경판 보수 불사금으로 2만 냥을 전하고, 불사를 위해 강대련을 파견했다. 김성업을 별감으로, 현장 감독에는 경명과 영해 스님을 임명했다.

용성스님은 이 고려대장경 보수불사에서 "대한제국이 멸망한 뒤에는 대한민국이 수립되어지이다"[45]라며 발원 기도를 한 것으로 전해진다.[46]

44) 죽림정사. 2017. 『도문스님 녹취록4(천룡사에 대하여)』. pp66-69.
45) 죽림정사. 2010. 『연기법의 생활』. 재단법인 대한불교조계종 대각회 출판부. p79.
46) 훗날 동헌스님은 제자 도문스님에게 이 고려대장경 경판 불사를 두고 "조선왕조 명칭으

용성스님은 왜 이 시기에 고려대장경 경판 보수 불사를 요청한 것일까? 1904년 러일전쟁에 이어 1905년 을사조약이 체결됨으로써 당시 고종은 거의 막다른 골목으로 내몰린 처지였다. 1906년에는 일본의 감시 아래 대신조차 자유로이 만날 수 없었으며, 사실상 궁에 유폐되었다. 고종은 을사조약 체결의 부당함을 국제 사회에 알리려고 여러 차례 시도했지만 효과가 없었다.[47] 내적으로는 병약한 아들과 어린 두 아들의 존재 때문에 후계자 문제를 두고 근심과 불안이 커질 때였다.[48]

고려대장경이 만들어진 과정을 상기해보자. 1011년(고려 현종 2년), 거란이 개경을 침범하자 임금은 나주까지 피신하게 되었다. 부처님의 힘으로 침입자 거란을 물리치기를 기원하며 불교의 가르침을 모두 새긴다는 원대한 서원의 결과로 고려의 첫 번째 대장경이 조성된

로 멸망하지 않고, 대한제국의 국호로 나라가 망하였고, 이 대한제국이 씨앗이 되어 대한정국(大韓正國)인 대한민국 8백년 대운의 문호를 여는데 이바지 하였다"고 평가했다. 죽림정사. 2017. 『도문스님 녹취록4(천룡사에 대하여)』. p69.

47) 고종 황제가 을사조약 강제 체결 3일 뒤인 1905년 11월 20일경 독일에 도착한 전보가 발견됐다. 이 전보에서 "일본 정부는 이토 히로부미(伊藤博文) 후작을 조선 통감으로 임명하도록 짐을 압박하고 있고 대한제국의 외교권을 넘겨받으려고 한다. 이것은 국제법적 관점에서 용납이 안 된다"며 "귀하(민철훈)는 촌각을 다퉈 이러한 급박한 위기에서 황실과 대한제국이 시급히 벗어나 독립이 보장되고 국제법이 상실되지 않도록 독일 정부에 도움을 요청해 달라"는 내용이다.(동아일보, "고종 '을사늑약 부당' 첫 외교문서 발견, 2008.04.05., http://news.donga.com/3/all/20080405/8564065/1)
이외 1905년 11월 26일 알렌 전 주한 미국공사에게 보낸 긴급 전문과 1906년 1월 29일에 작성된 국서, 1906년 6월 22일에 호머 헐버트 특별위원에게 건넨 친서, 1906년 6월 22일에 프랑스 대통령에게 보낸 친서, 1907년 4월 20일 헤이그 특사 이상설에게 준 황제의 위임장 등 고종은 을사조약의 부당함을 알리는 외교노력을 꾸준히 시도했다.

48) 황태자(후일 순종)는 병약해 자녀를 둘 수 없었고, 엄귀비는 자신의 아들인 영친왕을 후계자로 요구했다. 고종은 의친왕을 의중에 두고 있었으나, 의친왕이 반일성향과 자주독립의지가 높아 일본의 반대가 컸다고 한다.

바 있다. 초조대장경은 안타깝게도 1232년(고종 19년) 몽골의 2차 침입 때 몽골군에 의해 남김없이 불태워졌다. 이규보(李奎報)가 1237년(고종 24년)에 지은 「대장각판군신기고문(大藏刻板君臣祈告文)」에 따르면, "과거 대장경을 만들었던 까닭에 거란의 군대가 물러갔지만, 지금 이렇게 대장경이 소실되었으니, 이번 몽골군을 물리치기 위해서 다시 대장경을 조성한다"고 밝히고 있다.[49]

외적의 침입으로 대 환란을 당할 때 온 백성의 마음을 모아 국가의 안위와 평안을 간절히 염원했던 대장경불사. 용성스님은 고종에게 바로 이 점을 상기시킨 것이다. 나라의 멸망은 피할 수 없으나, 전주이씨의 절멸만은 막도록 하자는 것이 첫째였고, 둘째는 이 나라의 멸망이 곧 민(民)의 멸망은 아니라는 것, 즉 대한제국은 망하더라도 '대한민국'을 수립해야 할 것을 강력히 주장했다는 점이다. 장장 500년 넘게 존엄한 지존으로 숭앙받던 존재였던 '왕'에게, 가장 낮은 천민[50] 중 하나였던 '스님'이 전한 말로서는 상상하기 어려운 파격이 아닐 수 없다. 그만큼 대한제국의 위기가 엄중했고 당대 최고 선지식으로서의 용성스님의 위상을 보여준다.

그렇다면 용성스님에게 '대한민국'은 어떤 의미였을까? 스승인 혜월스님과 천룡사 고승으로부터 대한정국(大韓正國) 8백년을 예비하라는 유훈을 수없이 들은 분이 용성스님이다. 대한정국(大韓正國)이라는 국가로서의 구체적인 구상은 없었다고 해도, 적어도 '군주제'가

---

49) 『한국사콘텐츠』, 팔만대장경 [八萬大藏經]: "국력의 상징, 천년의 유산", http://contents.koreanhistory.or.kr/id/R0010

50) 조선은 노비, 승려, 무당, 광대, 상여꾼, 기생, 대장장이, 백정 등 이상 8가지 직업군을 '천민'으로 규정했다.

아닌 '민주제'에 대한 인식과(서양의 민주주의를 알지는 못했어도) '민국'에 대한 사유는 깊었을 것이다.

근대의 '민국'은 주권자 국민을 상정하는 서구식 민주주의의 요체를 담은 표현이지만, 용성스님이 태어나 성장했던 조선 후기의 '민국(民國)'은 백성이 나라의 근본이라는 유교의 '민유방본(民惟邦本)'에서 비롯된 것으로 보인다.[51] 이영재(2018)에 따르면, '민국'이라는 말은 조선 초기에도 등장하나, 이때는 수사적 표현에 가까웠다고 보고, 질적인 차이를 보인 시대는 영조 때라고 한다. 조선 초기에 '민'은 군주와 사대부가 보호해야 할 '유약한 대상'[52]으로 호명된다. 그러다 조선 후기에 사실상 지배세력의 공공성이 허물어지고 서민대중의 공간이 넓어지면서, 민의 존재가 군주와 대등한 위치로 격상된 것이다. '민국'이라는 용어는 고종 역시 즐겨 썼고, 당대의 언론매체들도 자주 사용하던 표현으로 알려진다.[53]

용성스님의 '민국'에 대한 인식을 알아보려면, 혜월스님과 천룡사

---

51) 한국 정치사 측면에서 왕과 사대부의 나라였던 조선이 영조 시대에 이르러 '백성'과 '나라·군주'를 대등하게 놓고, '백성과 나라'에서 '백성의 나라' 즉 '국민 국가'로 나아가는 과정에 어떤 경로로 이르게 되는지 추적하는 연구는 앞으로도 매우 의미 있을 것이다.

52) 이영재. 2018. "조선은 민(民)의 나라인가? 조선후기 근대적 전환 양상에 대한 정치사상적 재조명을 중심으로". 「2016년 제3회 한국정치연구회 정례 세미나」. 한국정치연구회. p13.

53) "고종 시대에는 '민국' 용어가 다시 급증하면서 대중화되는 양상을 보였다. 동학 집회와 독립협회의 관민공동결의문에도 사용되었고, 독립신문, 매일신문, 황성신문, 대한매일신보 등 일간지, 대한자강회월보, 대한협회회보, 대동학회월보 같은 잡지, 황현의 「매천야록」, 김윤식의 「음청사」, 정교의 「대한계년사」 등 각종 서책에 두루 쓰이며 일상화되었다. 그 의미도 '백성과 나라'를 넘어 '백성의 나라'로 확장되었다." 「중앙선데이」. "영·정조도 쓰던 말 '백성의 나라' … 실학은 '양반 편애'". 2018.05.19., https://news.joins.com/article/22637459

의 고승으로 올라가야 한다. 혜월스님은 최제우를 덕밀암으로 피신시키고, 새로운 세상을 여는 '개벽'에 대한 비전을 함께 나누었던 인물이다.[54] 천룡사의 고승은 조선의 멸망을 예견하고 대한정국 8백년의 대운을 열어야 한다는 염원으로, 불타는 천룡사에서 '범종'을 지켜낸 제자이자 유훈을 계승한 이다. 혁명과 예언의 당사자들이자, 새로운 정치사상의 창시자들이었다.

최제우는 '양반 상놈이 없고, 가난뱅이가 부자 되고, 여성과 어린이가 상전이 되고, 우리 민족이 세계를 주도하는' 개벽사상을 펴서 이후 동학혁명의 연원이 됐다. 이영재(2016)는 "조선시대 정치사회적 결사체의 이념적 근거를 구성한 사상, 민중신앙적 요소들 즉 '민의 이념'은 지배이념으로서의 성리학적 범주로는 포섭할 수 없는 질적으로 판이한 내용들을 중핵으로 하는 '해방사상'이었다"[55]고 단언한다. 성리학의 질서에 포섭되지 않는 해방사상은 동학사상이기 이전에 부처님의 핵심 설법이다. 생사고해의 바다에서 벗어나 해탈과 열반에 이르도록 하는 가르침, 즉 진정한 인간해방의 사상이 바로 불법이다. 그러나 이 해탈열반은 혼자서만 깨달음을 추구한다고 얻어지는 것은 아니다. 깨달은 자라면 마땅히 중생구제의 서원을 하고, 세세생생 보살도를 행해야 한다. 그것이 바로 상구보리 하화중생이다. 위로는 깨달음을 구하고 아래로는 중생을 교화하는 것, 홍익인간 제세이화의 건국 이념과 맥을 같이 한다. 용성스님은 깨달음을 얻은 뒤

---

54) 혜월스님은 최제우에게 은신처만 제공한 것이 아니라, 동학사상의 집대성 과정에 함께한 것으로 보인다. 용성스님이 후일 손병희 교주를 찾아가 독립운동을 논의할 수 있었던 것은 스승끼리의 막역한 교분 덕분이었다.
55) 이영재, 2016. "조선은 민(民)의 나라인가?", 한국정치연구회, p21.

에는 평생 동안 중생구제의 서원을 실현하신 분이다.

나라를 잃고 신음하는 백성들에게는 '나라'를 새로이 세우는 것이 중생구제의 주요한 목표였을 것이다. 그것은 대한제국을 다시 살리는 것이 아니라 대한민국을 새로이 수립하는 것이었다. 왜 '민국'이었을까? 용성스님에게 '민국'은 누구나 부처님의 바른 법을 배우면 깨달을 수 있는 미래의 부처님들이자 자기 삶의 '주인'들이 우뚝 선 나라이다. 용성스님에게 '대한'의 '바른 나라(正國)'는 '대한민국'일 수밖에 없던 이유다.

용성스님이 경술국치(1910년) 후 나라의 독립을 위해 6년 동안 조선 3정승 6판서 8도감사 360고을 수령 방백을 지낸 이들과 그 아들을 만나 독립운동에 앞장서거나 막후의 후원자가 되어줄 것을 간청하고 권유하였으나 "시대사조가 이미 그렇게 됐으니 어쩔 수 없다"며 모두 거절한 것도 '대한민국 수립'에의 뜻을 확고히 하게 된 계기였을 것이다. 나라의 녹을 먹고 살았던 자들의 정신태도를 보면서, 대한제국의 회복 가능성이 전혀 없다고 판단한 것이다.

오히려 이름 없는 평범한 백성들이 전국 도처에서 의병을 일으켜 싸우는 모습에 실질적인 '민의 시대'가 도래했음을 확신한 것으로 보인다. 이런 각성에 기초해 3.1운동에 동참한 민족대표들에게도 "대한제국 부흥운동이 아니라, 대한민국 수립운동을 시작해야 한다"고 주장했던 것이다.

대한민국 수립운동의 거점, 상하이에 마련하다

용성스님은 고종과 만난 그 다음 해인 1907년 9월(순종1년), 임동수와 하인 2명과 함께 중국을 방문하고, 중국 명찰의 고승들과 교류했다. 구술자료에 따르면 당시 중국 베이징 관음사 등 명찰을 둘러보고, 옛 우리나라의 유적지인 지안(集安)의 고구려유적지를 둘러보았다고 한다.[56)]

임동수는 당시 중국에 퍼져있는 씨족의 대표들을 만나 교류했다. 1908년에도 중국에 가는데, 용성스님이 중국의 고승들에게 설법하는 한편, 임동수는 임씨 시조의 원류인 중국의 임씨, 백씨, 황씨, 진씨, 주씨, 전씨 등과 교류하며 뱃길을 통해 고려인삼 무역거래를 시작한다.[57)] 당시 중국에서 최고의 인기를 구가했던 것은 고려인삼이었다.

김광재(2011)에 따르면, 고려인삼은 오늘날 달러처럼 국제 화폐 기능을 가질 정도로 독보적인 위상을 차지했다.[58)] 임동수는 당시 상하

---

56) 중국 5대 명산과 통주 화엄사, 보리달마조사의 숭산 소림사, 5조 홍인조사의 황매 동산법회, 6조 혜능조사의 조계산 남하사, 임제조사의 임제원, 지안(集安)의 고구려유적지, 고구려초전법륜지, 희수위 시조산, 황제헌원 중천각, 황제고리, 비간묘, 공자묘 등을 참배했다고 한다. 이때 중국의 백씨, 주씨, 황씨, 진씨, 주씨 등 공손 희씨의 후예 대표들과 교류한 것으로 알려진다. 죽림정사. 2007. 「3대대사연보」. p186

57) 용성스님은 1908년 2월, 중국 하남성 신정시 희수위 시조산에 올라 황제헌원 중천각에 예배하고, 동양3국의 평화를 기원했음. "한국, 중국, 일본 동양 3국인 조상의 원류가 같은 뿌리에서 나온 것임을 자각하여, 피는 물보다 진하다는 동족애로써 민족사관을 다시 정립하고, 대동화합함으로써 석가의 자비심, 노자의 도덕, 공자의 인의의 가르침으로 전 세계 인류의 사표가 되기를…"라고 발원.

58) 김광재에 따르면, 일제강점기 상하이로 이주해온 한인들이 인삼 상점을 차리거나 인삼 행상에 나선 경우가 많았는데, 인삼판매 자금이 독립운동진영으로 흘러들어가기도 했다. 또 인삼 무역상점은 단순 영업점이 아니라, 독립운동의 거점 역할을 했으며, 인삼 행상은 독립운동가들이 생활 자금과 운동 자금을 조달하는 방편이기도 했다고 한다. 김광재. 2011. "일제시기 상해(上海) 고려인삼 상인들의 활동". 한국독립운동사연구. Vol.40. pp221-222.

이 인삼무역 거래의 절반 이상을 담당하고 있던 중국의 진씨 상인과 일본의 임씨(하야시) 상인을 통해 한중일 무역네트워크를 구축했고, 주로 인천에서 상하이로 고려인삼을 수출하는 사업을 벌였다.

이때까지 고려인삼은 국가의 전매사업이었다. 강준만(2007)에 따르면, 갑오개혁기에 정부 재정 부족의 해결책으로 탁지아문에 부속되었던 홍삼전매권이 1897년 궁내부로 이관되자, 내장원은 관영회사로 삼정사를 설치하여 직접 홍삼전매사업을 운영했다. 고종은 1907년 국채보상운동과 헤이그 밀사 사건으로 퇴위하기 직전 홍삼전매권을 민영익에게 위탁하면서 판매 이익금의 일정액을 황실에 납부하도록 조처했다.[59] 전라도 남원에 살던 임동수가 국가에서 판권을 독점하다시피 했던 개성의 고려인삼을 주요 수출품목으로 삼을 수 있었던 배경은 무엇이었을까.

답은 민영익에 있다. 민영익의 사촌 형뻘인 민영소와 임상학이 막역한 사이였듯이, 민영익과 임동수도 호형호제하는 사이였다.(임동수가 5살 아래) 민영익은 만석꾼이자 사업수완이 좋으며, 중국에 네트워크를 형성하고 있는 임동수와 함께 인삼무역권을 고종으로부터 위탁받았다. 임동수는 진씨, 임씨 상인과 함께 1919년까지 13년 동안 중국 상하이에 큰 인삼무역의 거점을 마련했다.

이 인삼무역은 상하이의 진씨상인, 임씨상인이 주도했다. 이 인삼무역 거점은 1919년에 대한민국 임시정부가 상하이에 자리잡는데 큰 역할을 했다. 그중 일부 자금은 이승만에게 지원되었고, 이 자금 덕분에 이승만이 상해 임시정부의 초대 대통령이 되는데 큰 영향을

59) 강준만. 2007. 「한국근현대사산책 5권」. 인물과사상사. p72.

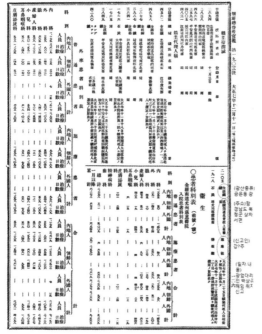

북청 금광 대리인 백상규 해임 취지 신고. 우측 하단에 백상규 해임이라는 표기를 찾을 수 있다. (조선총독부 관보)[61]

미쳤다고 한다.[60]

이밖에도 용성스님이 국내에서 1916년을 전후로 3년에 걸쳐 함경남도 북청에서 금광을 운영한 점이 눈에 띈다. 수익을 위한 금광 경영이 아니라, 막대한 독립자금을 안전하게 운반하기 위한 묘책이었다. 전(前) 북청군수 강홍도(康洪道)의 제안에 따라, 운봉의 만석꾼이었던 임동수와 처남 박봉주 등이 비밀리에 의논하기를 "한꺼번에 큰돈을 움직이면 일제의 의심을 살 것이므로, 북청에 금광을 운영하기 위해 투자자금을 움직이는 것처럼 위장하자"고 했던 것이다. 3년 뒤 시봉하던 이가 돈을 훔쳐 달아나는 바람에 광산이 망했다고 헛소문을 내고 금광운영에서 손을 뗐다.

이렇듯 용성스님은 임동수와 박봉주 등을 위시한 만석꾼 후원자들을 주축으로 상하이에 대한민국 임시정부가 수립되는데 재정 지원을 아끼지 않았다.

---

60) 도문스님의 인터뷰 자료(2019년 2월 5일)에 따르면, 이후에도 이승만에게 독립운동 자금을 몇 차례 더 지원했으나, 이승만이 사사로이 유용했다는 소식을 듣고 중단했다고 한다.

61) 『조선총독부 관보』, 1918년 12월 11일 1903호 6면.

2. 온 나라에 태극기 물결을 일으키자

대한민국 수립운동을 펼치고자 했던 용성스님이 3.1독립선언을 발표하고 만세를 부를 때, 왜 대한제국의 국기(國旗)였던 '태극기'를 사용하자고 했을까?

지금은 3.1운동과 태극기의 사용이 당연한 일처럼 생각되지만, 당시에는 태극기를 들자는 생각을 하기가 매우 어려운 시기였다.

조선은 1882년 미국, 영국, 독일과 차례로 수호통상조약을 맺고, 1884년 이탈리아와 러시아, 1886년 프랑스와 통상조약을 맺게 되는데, 이때 조선은 태극기를 국가의 표상으로 선보이게 되었다. 1888년도에 프랑스 외교부장관에게 보냈던 태극기 견본과 서한에도, 조선이 정식으로 국기를 오른쪽과 같은 도안으로 채택한 사실을 확인할 수 있다.[62]

주한 프랑스영사관이 자국에 보낸 1888년 7월 8일자 정치공문(제7호)의 첨부된 태극기 사진[62]

---

62) 주한 프랑스 영사관 콜랭 드 플랑시가 프랑스 외무부 장관 앞으로 보낸 서한의 내용은 다음과 같다. "장관님, 교섭통상사무아문 독판께서 조선 정부가 채택한 국기의 견본을 저에게 방금 보내왔습니다. 이 견본의 복사본을 3장 만들도록 했으며, 각하께 그 한 장을 이 봉투에 넣어 보냅니다. 나머지 2통은 해군부 장관과 극동함대 사령관에게 보냈습니다. V. 콜랭 드 플랑시. 파리의 외무부 장관 각하께 등등", 국사편찬위원회. http://db.history.go.kr/item/level.do?setId=3&itemId=hk&synonym=off&chinessChar=on&page=1&pre_page=1&brokerPagingInfo&position=2&levelId=hk_012r_0010_0110

전우용(2014)에 따르면, 기록상 정부에서 국기를 제작하기 시작한 것은 1895년 5월부터이고, 대한제국이 선포된 이후에 대량 제작과 보급이 이뤄진 것으로 보인다. 서울 대로변 시전들의 경우 황실 경축일 등에 의무적으로 국기를 게양해야 했는데, 어쩔 수 없이 태극기를 사야 했다는 얘기가 있다.[63]

태극기가 민간에서 처음으로 사용된 것은 1896년 11월 21일 독립문 기공식 때로 알려진다. 독립신문 등은 이날 소나무로 꾸민 송문(松門)에 태극기를 좌우로 단장했고, 종로에서 관민공동회를 열 때도 태극기를 높이 게양했다는 소식을 전한다.[64] 황실과 국가의 기념일이나 경축일마다 각 관청과 학교, 시장에 태극기를 내거는 행위가 반복되면서, 태극기는 점차 일반인들에게도 국가를 표상하고 애국심을 드러내는 상징으로 다가갔다. 독립협회나 만민공동회, 철도 개통식장, 학교연합운동회[65] 등에서도 태극기가 걸렸고, 1900년에는 손에 드는 깃발(手旗)이 등장했다. 일본식 의례가 침투한 1907년 이후에 일반 군민(郡民)들까지 국기를 드는 것이 일상화됐다.[66]

구한말 처음으로 국기가 된 태극기는 외국과의 통상과 수교 목적에 따라 만들어졌으나, 대한제국의 시기로 넘어가면서 점차 애국심

---

63) 전우용. 2014. "한국인의 國旗觀과 '국기에 대한 경례'", 「동아시아문화연구」 제56집, p18

64) 목수현. 2006. "근대국가의 '국기(國旗)' 라는 시각문화 – 개항과 대한제국기 태극기를 중심으로」. 『美術史學報』 27. p336

65) 家家國旗 平壤城內에서 去番耶蘇教中學校大運動會日에 一般民家에서 太極國旗를 揭g하얏더니 今回大成學校大運動會日에도 太極國旗를 高揭하야 祝賀의 意를 表하얏다더라 "家家國旗", 황성신문[皇城新聞], 19100517, 第三千三百七十一号
국립중앙도서관 「대한민국 신문 아카이브」 http://www.nl.go.kr/newspaper/

66) 전우용. 2014. Ibid., p21-22.

을 고취하기 위한 목적으로 적극 활용되었다. 당시 발간됐던 제국신문, 황성신문, 대한매일신보 등의 기사들을 보면, 태극기는 애국가와 함께 나라 사랑의 강력한 표상임을 확인할 수 있다. 당시 애국가는 지금처럼 공통의 단일한 노랫말이 아니라, 저마다 나라 사랑하는 마음을 담아 표현한 시조나 노랫말의 제목을 애국가로 통칭했다. 이 애국가 가사들을 보면, 주로 '사랑', '자주', '독립', '자유', '길이길이 보전', '태극기' 등이 등장한다.[67] 특히 태극기는 몇몇 공식 행사에만 게양되는 것이 아니라, 집집마다 달아야 하는 나라 사랑의 증표로 점차 자리매김했다.[68]

"자주독립 좋을시고 태극기를 높이 들어 애국가를 불러보세", "개화 개화 헛말말고 실상 개화하여 보세. 독립문을 크게 짓고 태극기를 높이 다세. 불러보세 불러보세 애국가를 불러보세", "대조선 태극기

---

67) 잠깨보세 잠깨보세 대조선국 인민들아
　　깊이 든 잠 번듯깨여 자주독립 도와주세
　　합심하고 동력하여 우리 인민 보호하세
　　자주독립할 양이면 인민사랑
　　첫째로 다 정부가 있은 후에야 백성들이 의지하고
　　백성들이 있은 후에 정부가 의지되나니
　　도와주세 도와주세 우리 정부 도와주세
　　사랑하세 사랑하세 우리 인민 사랑하세 사랑사랑 사랑이야
　　백성들은 정부사랑 사랑사랑 사랑이야
　　정부에는 백성사랑 상하사랑 서로하면 부국강병 자연 되고
　　상하의심 없어지면 자주독립 왜 못하리
　　"농상 공부 기사 김하영 애국가", 독립신문(서재필)[獨立新聞(서재필)], 18960915,
　　국립중앙도서관「대한민국 신문 아카이브」http://www.nl.go.kr/newspaper/
68) 1908년 4월 24일자 황성신문에서는 "집집마다 태극기를 높이 걸고 애국성을 표하자"는
　　연설 내용을 소개하고 있다.
　　국립중앙도서관「대한민국 신문 아카이브」http://www.nl.go.kr/newspaper/

호 세계상에 높이다니 법관에 수족되어 악한 사람 경계하세", "삼각
산 상상봉에 정결히 단을 모아 건곤감리 태극기를 반공중에 높이 달
면 만국상에 빛이 나고 지나국을 압두로다", "태극기를 일월같이 높
이다니 조선 역시 구방이라" 등 수많은 애국가 가사에서 보듯[69] 태극
기는 자유와 독립, 자주독립의 표상이자, 유구한 전통을 자랑하는 민
족 자부심의 증표였다.

특히 1890년대 후반에 관립 어(語)학교와 소학교 운동회에서 오늘
날 만국기처럼 태극기와 여러 통상조약을 맺은 국가들의 국기를 함
께 게양한 기록들이 전해지는데, 이때 애국가를 부르는 것이 관례로
자리잡았다.[70] 도성 한양에서만이 아니라, 충남 등 지방은 물론 하와
이 합성협회, 자강회, 샌프란시스코의 공립협회, 대동보국회 등 재외
한인단체들의 행사에서도 태극기를 게양하고 애국가를 부르는 의식
이 확인된다.[71]

태극기가 일제의 침략에 대한 강력한 저항의 깃발로 급부상한 것
은 1905년 을사조약 체결 이후다. 항일의병운동[72]이 전국에 들불처

---

69) 가사의 순서대로 출처는 다음과 같다.
 ① "평양 학당 김종섭 애국가", 독립신문(서재필)[獨立新聞(서재필)], 18960905, Ⅰ066
 ② "평양 보통문안 리영언 애국가", 독립신문(서재필)[獨立新聞(서재필)], 18960910, Ⅰ
  068
 ③ "경무학도들 노래", 독립신문(서재필)[獨立新聞(서재필)], 18960716, Ⅰ044
 ④ "남동 박기렴 애국가", 독립신문(서재필)[獨立新聞(서재필)], 18960801, Ⅰ051
 ⑤ "농샹 공부 주사 최병헌 독립가", 독립신문(서재필)[獨立新聞(서재필)], 18961031, Ⅰ
  090
 국립중앙도서관 「대한민국 신문 아카이브」 http://www.nl.go.kr/newspaper/
70) 목수현. 2011. "망국과 국가 표상의 의미 변화: 태극기, 오얏꽃, 무궁화를 중심으로", 『한
 국문화』, p155-156.
71) Ibid., pp156-157.
72) 의병운동은 최익현(전남 태인), 신돌석, 정환직, 정용기(이상 영남 일대), 이한구, 정순기,

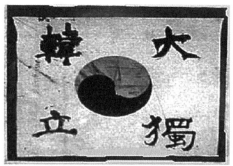

의병장 고광순의 태극기로 알려져있다. (문화재청)　　　　안중근이 혈서로 대한독립을 쓴 태극기

럼 번져갔고, 수많은 사람들이 일제의 무력 앞에 스러져갔다. 일제는 태극기와 일장기를 동시 게양하며, 점차 일장기로 대체하려는 움직임을 보였다. 이에 일반 대중들 사이에서는 일장기를 훼손하거나 태극기만을 단독으로 사용하는 저항이 일어났다. 1909년 1월 2일 순종이 서북지방을 순행할 때, 각 학교에서 일장기를 달지 않고 태극기만으로 황제를 환영했다는 기사가 발견된다.[73] 일장기를 들지 않고, 태극기만 든 것, 이것은 일제침략에 대한 분명한 '항거' 표시였다. 의병들이 총칼로 목숨을 걸고 싸웠다면, 민초들은 '태극기'로 대항했던

손영각(이상 영천), 박석여(죽산, 안성), 이범주(양평, 여주), 최도환(양구), 박장호(홍천), 김도현(예안), 유시연(경주) 등을 중심으로 전국 곳곳에서 두드러진 활약을 펼쳤다.(윤병석, 『한민족백과사전』, http://encykorea.aks.ac.kr/Contents/SearchNavi?keyword=%ED%95%AD%EC%9D%BC%EC%9D%98%EB%B3%91&ridx=1&tot=682

73) 한겨울 혹한에 이뤄진 순종의 행차 때 학생들과 일반 백성들에게 한일 양국기를 들게 했는데, 몇몇 사람들이 일장기를 거부한 사건이 일어났다. 평양에서는 천도교 6~7천명이 순사가 나눠준 일본기 드는 것을 거부했고, 예수교회 학원 학생들이 태극기만 들고 행사장에 입장하려고 해서 순사들과 실랑이를 벌였다는 기사도 있다. 당시 대중들에게 '태극기'가 이미 국가 주권의 의미로 받아들여지고 있었음을 확인할 수 있다.
목수현. 2011. pp157~160

것이다. 이렇게 태극기는 자연스럽게 '자주'와 '독립'의 강력한 상징
성을 획득했다.

일본의 남한대토벌작전으로 의병조직이 거의 초토화되어갈 때,
1909년 10월 26일 안중근 의사의 이토 히로부미 저격 사건은 또 한
번 한국민들에게 대한독립의 의지를 불태우게 한 의거였다. 나라를
되찾기 위해 불꽃처럼 스러져가던 순간, 그들과 함께 했던 강력한 애
국의 증표가 바로 태극기였다.

그러나 1910년 8월 22일, 대한제국은 역사의 뒤안길로 영원히 사
라졌다.[74] 일제는 1910년 8월 29일 한일병합 즈음에 "한국의 국호는
개(改)하야 이금(爾今) 조선이라 칭함"이라는 일본 천황의 칙령과 함께
조선총독부 설치를 공포했다[75]. 이때부터 급속도로 '대한'은 지워져
갔다.[76] 대한매일신보는 강제매수되어 총독부 기관지 매일신보가 됐
고, 대한민보는 제호를 민보로 고쳤지만 결국 폐간됐다. 친일신문이

---

74) 8월 23일자, 「도쿄 아사히 신문」은 '병합'이라는 제목으로 소식을 전하는데, 그 내용을
다음과 같이 전한다. 합병협약 내용은 총 78개 조항으로 그 요지는 다음과 같다.
한국의 주권은 우리 일본이 거둔다.
한국 황실의 존엄을 유지하기 위해 황실비를 지급한다.
한국의 명칭은 폐하고 조선이라 칭하여 우리나라의 일부로 한다.
한국의 황족 및 유공자에 대해 훈장 등으로 작위 또는 재산을 준다.
내각을 폐하고 우리 관헌 아래에 둔다. (생략)
이치노헤 쇼코. 2013. 『조선침략참회기』. 장옥희 역. 서울: 동국대학교 출판부, p94.

75) "일본천황의 합병조서, 한국황제 및 황실에 대한 칭호, 한국국호에 대한 칭호 등", 『일제
침략하 한국36년사』.

76) 1910년 8월 22일 한일병합 조약, 8월 29일 대한제국 국호 폐지, 조선으로 개칭. 8월 30
일 「대한매일신보」가 「매일신보」로 개명, 총독부 기관지가 됨. 9월 12일 통감부 보안법
에 의거, 일진회 등 각 단체의 해산에 대한 명령이 내려졌다.
국가보훈처, 『공훈전자사료관』, 독립운동사 연표.
http://e-gonghun.mpva.go.kr/user/ChronologyList.do?goTocode=30002 중 1911년

대한신문도 매일신보에 흡수됐다. 이후 일본인이 운영하는 일본어 신문으로 서울의 조선신문(朝鮮新聞), 대구의 조선민보(朝鮮民報) 등이 등장했다.(김명섭, 2016, 116)

곧이어 태극기도 사라졌다.[77] 더 이상 태극기는 황실은 물론 개인이 소지하거나 사용할 수 없게 됐다. 일본의 무력탄압이 미치지 않는 해외 한인 사회에서 겨우 명맥을 유지했는데, 나라 잃은 유랑민의 심정으로 해외 한인들에게 태극기는 자주와 독립의 의미가 더욱 강화됐다.

국내에서는 1910년 8월 22일부터 1919년 3월 1일 전까지, '대한' 이라는 말과 '태극기'라는 말이 흔적 없이 지워졌다. 3.1독립선언문을 발표하기 위해 모였던 민족대표들이 독립의 의지를 보이기 위해 만세를 부를 때, 어떤 깃발을 들어야 할지 의견이 분분했던 것은 이런 맥락에서 이해될 수 있다. 일제의 서슬 퍼런 압제통치 아래에서 누구도 감히 태극기를 떠올릴 수 없었던 것이다. 따라서 삼천리 금수강산의 상징인 한반도를 그린 깃발을 들자, 독립이라고 쓴 깃발을 들자, 손으로 만세를 부르자 등 다양한 의견들이 나온 것은 당연한 일이었다. 이를 전해들은 용성스님은 단호하게 태극기를 들어야 한다고 주장했다.

도문스님 구술 자료에 따르면, 천도교 측에서 3.1운동에 사용할 깃발로 독립이라고 써진 깃발이나 3.8동방목이 푸른색이므로 흰 천에 푸른색 반도기를 제안하자, 기독교장로회 측과 감리회 측에서도

---

77) 매일신보 1910년 9월 3일자에 앞으로 태극기 대신 일장기를 세워야 한다는 기사가 짧막하게 보도됨. 대한민국 신문 아카이브, http://www.nl.go.kr/newspaper/

별 이의가 없었다. 이에 용성스님은 "반도기로 정할 경우 발해의 옛 땅, 고구려의 옛 땅을 포기하는 선언임과 동시에 미래 우리나라가 삼천리 반도강산의 영역만으로 한정되어 버린다"고 지적하며 태극기를 들어야 한다고 제안한 것으로 알려졌다.

용성스님은 "열반의 경지인 무극은 체(體)가 되고 태극은 상(橡)이 되며 음양은 용(用)이 됩니다. 천도교의 인내천 한울이 태극인 것이며, 기독교의 천국이 곧 태극입니다. 그러므로 태극기를 사용해야 합니다."라며 태극기가 각 종교에서 추구하는 지고의 선(善)을 상징한다고 설득했다. 덧붙여 다음과 같이 설명했다.

우리네 인생은 나고 죽는 생사고해를 벗어나 열반의 세계로 나아가는 것이 목표입니다. 그 열반의 다른 이름이 극락 또는 무극입니다. 이 무극세계의 교주가 바로 아미타불이신데, 3백60만억 중생들을 구제하시려고, 보살승, 연각승, 성문승을 중생계에 출장을 보냅니다. 태극기를 보면, 보살승을 태극으로, 연각승과 성문승을 음양으로, 건곤감리인 하늘, 땅, 물, 불을 배치하니, 이것이 사홍서원을 의미합니다.

중생무변서원도(중생을 다 건지오리다)

번뇌무진서원단(번뇌를 다 끊으오리다)

법문무량서원학(법문을 다 배우오리다)

불도무상서원성(불도를 다 이루오리다)

그러니 태극기는 상구보리 하화중생(위로는 깨달음을 구하고 아래로는 중생을 교화한다는 부처님의 가르침)의 큰 원을 표현한 것이라 하겠습니다. 그러니 모든 사람들이 해탈열반에 이르도록 태극기 물결을 일으킵시다.

우리가 꿈꾸는 '태극'의 나라는 평화와 해방의 나라요, 해탈열반과 중생구제의 나라라는 설명이다. 그러나 용성스님이 주창하신 태극기의 의미가 일본 제국주의에 대한 '항거'를 의미한다는 사실을 몰랐을 리 없다. 일본과의 직접적인 충돌을 피하고자 했던 민족대표들에게 '대한독립' 의지를 더욱 고양시키기 위한 설득이었다고 보아야 할 것이다. 손병희, 오세창, 한용운 등 만세운동을 주도했던 대표들은 용성스님의 말씀을 받아들였다. 속뜻을 알았기 때문이다. 이는 손병희 교주와 용성스님 사이에 돈독한 신뢰와 이해가 남달랐던 덕분이다. 실제 3.1운동에서는 태극기만이 아니라 독립기, 손수건, 맨손 등으로 만세를 불렀고, 시간이 흐르면서 점차 태극기를 흔드는 사람들이 많아졌다.[78] 태극기를 흔들며 대한독립만세를 외쳤다는 것은 '대한'과 '태극기' 사용을 금한 일제에 항거한 것이며, 독립의 희망을 표현한 것이다.

3. 민족대표 33인 숫자의 배경

1910년 경술국치 후 용성스님은 다음해 2월 거처를 서울로 옮겨 백제초전법륜성지인 서초동 우면산 대성초당에 머물렀다. 대성교당

---

78) 실제 태극기는 만세시위에 가장 많이 쓰였는데, 전국 교회, 천도교, 불교 등 종교인들을 중심으로 학교와 단체 등에 독립선언서를 배포할 때 구체적인 시위 지침도 내려갔던 것으로 보인다. 3월 1일 체포된 선천군 신성학교 학생 김지웅의 신문조서 등을 보면, 전날 밤 동료들과 함께 태극기를 만들고 만세시위의 방법을 구체적으로 계획했음이 밝혀졌다. 한국사데이터베이스 http://db.history.go.kr/item/compareViewer.do?levelId=hd_012_0020_0080)

은 1918년 한용운[79] 등과 국제정세를 논하는 한편 독립운동 방법을 비밀리에 의논한 곳이기도 하다. 1911년에는 임동수의 후원으로 서울 종로 봉익동 1번지 민가를 구립하여 대각사를 설립했다.

용성스님은 1912년부터 6년 동안(1918년까지) 전국 방방곡곡을 돌아다니며, 과거 관직에 있던 이들에게 독립운동 동참을 권할 당시 보릿고개를 못 넘기고 굶어죽는 백성들, 겨울에는 추워서 얼어 죽는 백성들을 숱하게 목격했다. 당시 하루하루 살아가기 힘든 백성들 또한 나라의 독립에 나설 여력이 없었다. 결국 용성스님은 나라의 녹을 먹었던 관리도 아니요, 하루 살이에 급급한 민초들도 아닌 종교지도자들을 생각해냈다.

1918년 말 국제정세의 변화를 감지하고 다시 서울로 올라온 용성스님(55세)은 천도교 손병희 교주를 찾아가 독립선언 거사에 관해 논의했다. 손병희 교주와는 용성스님의 스승인 혜월선사와 수운 최제우 대신사와의 깊은 인연 때문에 첫만남에서 의기투합했다. 이때 손병희 교주는 천도교가 이미 준비하고 있음을 은밀히 밝혔다. 용성스님은 "사바세계 차사천하 남섬부주인 인간세계 4주를 지배하고 있는 도리천 33천 제석천왕 환인천주 하느님이 보우하사 우리나라 만세, 이것이 (3.1운동의) 대의입니다."라며, 강고한 일본으로부터 독립하려면 사람의 힘만으로는 안 되기에 33천 하느님의 도움을 받아야 하므로 대표는 꼭 33인으로 구성해야 한다고 제안했다. 손병희 교주는 민족대표를 33인으로 하자는 용성스님의 제안을 수용하면서 그러면 천도교대표 30인에 불교대표 3인으로 하자고 했다. 이에 용성스님은

---

79) 한용운은 15세 연하로 용성스님에게는 제자와 같았다. 자세한 것은 본문 p35 참조.

"이미 천도교 측에서 독립선언을 할 준비가 다 되어 있다는 것은 알겠는데 손병희 교주님이 불교계 대표를 포용하듯이 기독교계 대표도 포용해야 한다."고 제안했다.

다음은 손병희 교주와 용성스님의 문답을 재구성해 본 것이다.

손병희 : 천도교는 서학인 기독교를 배격하는 동학입니다. 독립운동을 하는데 힘이 부족하면 그 힘을 빌리기 위해서 수용할 수는 있겠지만, 굳이 기독교를 끌어들이지 않더라도 천도교 단독의 힘으로 독립운동이 가능합니다.

용성스님 : 본래 남과 북이 없는 것인데, 어느 곳에 동과 서가 있겠습니까. 하늘은 하나의 하늘일 뿐, 동쪽 하늘이 따로 있고 서쪽 하늘이 따로 있겠습니까. 불교계가 참여하지 않고, 천도교 자체로도 독립운동의 여력이 남아돌아가지 않겠습니까마는 손교주께서 불교계를 포용하듯이 기독교계를 포용해서 2천만 동포를 다 안아 우리나라 최고의 민족대표가 되시어 역사에 길이 남는 천도교 교주가 되시기를 바랍니다.

이런 문답이 오가면서, 손병희 교주가 용성스님의 제안을 수락하고, 세력의 크고작음에 관계없이 평등법으로 천도교 11인, 기독교 11인, 불교 11인으로 구성하기로 합의했다. 용성스님은 대반열반경 11공(空)[81]의 가르침을 들어 개인의 일신과 안위에 대한 집착을 놓아버

---

80) 내공, 외공, 내외공, 유위공, 무위공, 무시공, 성공, 무소유공, 제1의공, 공공, 대공 등 11공. 내공은 안이비설신의 6근이 공(空)함을 말하고, 외공은 색성향미촉법 6진이 실체가 없음을 말함. 내외공은 6근을 내라 하고, 6진을 외라 하는데, 내법과 외법이 일정한 모양이 없고, 인연의 화합에 따라 일어나는 것이므로, 내외의 공을 말하며, 유위공은 현상계 일체법이 공한 것을 말함.

리고, 어리석음의 굴레에서 벗어나 민족대표로 거듭날 것을 말씀드
렸다.

기독교 교파 각각 11인 주장과 불교계 양보

손병희 교주가 용성스님의 제안을 적극 수용하여 불교계는 물론
기독교계까지 함께 할 것을 결정한 뒤, 1919년 정초부터 천도교가
중심이 되어 독립운동 거사 계획이 매우 빠르게 진전되었다. 기독교
계 교섭은 최남선이 맡았는데, 평북 정주에 사는 기독교 장로회 이인
환(이승훈이라고도 함)에게 교섭을 시도했고, 이인환은 천도교도 최린을
통해 지금 부흥회를 하기도 어려운데 이 일을 함께하려면 5천원의
자금이 필요하니 융통해달라고 요청하면서 5천원이 안되면 3천원이
라도 융통해달라고 했다.

이 같은 사실을 전해들은 용성스님은, 손병희 교주에게 "이완용이
일본 천황에게 나라를 팔고 한일합방 노고의 수고비로 5천원을 받았
다 하니 나라를 찾으려고 한다면 5천원을 내놓아야 하지 않겠습니
까?"라고 설득하자 손병희 교주는 이를 기꺼이 받아들여, 5천원의 자
금을 기독교측에 즉시 융통해주었고, 기독교계는 3.1운동에 합류하
게 되었다.[81]

이후에도 민족대표를 33인으로 구성하는데는 약간의 진통이 있었

---

81) 용성스님은 한용운, 오세창 등과 만나 후사 처리에 대해서도 논의했는데, 환경스님의 회
고록에 따르면 1919년 2월 20일 만세운동 거사에 대해 밀담을 나누면서 환경스님에게
는 만세삼창만 하고 피신해서 옥바라지와 지하운동을 하라는 지시를 하는 등 역할분담
을 하기도 했다. 임환경. 1982. 『환경대선사회고록』. 서문당. pp16-17.

다. 기독교 장로회와 감리회측에서 각각 대표 11인을 요구한 것이다. 용성스님께서 왜 민족대표를 33인으로 해야 하는지를 설명하려고 '하느님이 보우하사 우리나라 만세'라는 독립운동(3.1운동)의 대의에 대해 설명했지만, "44인이면 어떻고, 55인이면 어떠냐?"는 주장들이 제기됐다. 용성스님은 사람이 하는 노력도 중요하지만, 하늘을 감동시켜 하느님의 보우하심을 받아야 한다는 점을 설득하는 한편, "반드시 하느님이 보우하사 우리나라 만세를 기원해야 하므로, 불교계에서 만해 한용운과 나 백용성 두 사람만 들어가고, 천도교 15인, 기독교 16인으로 해서 민족대표 33인을 구성하자"고 절충안을 제안해서 마지막 합의를 보았다.[82]

서명순서는 1번에 천도교 대표 손병희 교주, 2번에 기독교 장로회 대표 길선주 목사, 3번에 기독교 감리회 대표 이필주 목사, 4번에 불교계 대표 백용성 스님이 하는 것으로 해서 불교가 마지막에 오도록 하고, 한용운에게도 서명순서를 맨 마지막에 할 것을 주문했다. 한용운은 가나다순으로 하면 어차피 본인의 이름이 맨 끝에 오게 되어있으니, 5번부터는 가나다순으로 하는 게 좋겠다고 했다. 이에 따라 1번부터 4번은 천도교, 기독교 장로회, 기독교 감리회, 불교의 대표자가 서명하고, 5-33번은 가나다순으로 서명하게 됐다.

---

82) 당시 종교 인구 구성 대비 민족대표 구성은 균형에 안 맞다. 가장 강성했던 천도교의 신도 수는 약 300만 명인데 비해 개신교는 약 20만 명에 불과했다. 조선의 억불정책으로 불교 인구는 집계의 정확성을 파악하기 어렵다. 불교는 오히려 광범위한 민간 신앙의 형태로 유지되었다고 봐야 할 것이다. 1917년 조선총독부에서 파악한 종교 인구 현황을 살펴보면, 예수교 장로회는 124,170명, 남감리교 8,606명, 미감리교 40,361명 등으로 개신교는 약 18만 명 가량이었고, 천주교는 83,593명으로 집계되고 있다. 『조선총독부 관보』, 1917.6.27.

상역과해금강경 (백용성기념사업회)

33천 도리천 하느님이 보우하심을 간절히 빌어서라도, 독립과 대한민국을 수립해야 하는데, 종교가 다르다는 이유로 서로 화합하지 못하고 서로 경원시하면 큰일을 그르칠 수 있으니, 종교인들의 마음을 모으는 것이 중요했다. 이에 용성스님은 민족대표들에게 금강경을 해설한 『상역과해금강경』 책자를 한권씩 선물하고, "내가 있다는 강한 집념을 아집, 자기 종교의 교법에 얽매여 그것에 집착해 오히려 깨달음을 얻지 못하는 것은 법집입니다"라고 덧붙였다. 이 『상역과해금강경』의 표지 제호는 명필로 이름난 천도교 대표 오세창 선생이 썼다.

4. 최후의 일인까지 최후의 일각까지

용성스님이 1912년부터 6년 동안 전국방방곡곡을 다닐 때 굶주림과 추위에 내몰리던 백성들에게 나라(國)는 별 의미가 없었다. 조선이 대한제국으로 바뀌고 왕이 황제가 되었다고 해서, 그들이 굶주림을 면할 수 있는 것은 아니었다. 조선 관리들의 수탈이나 외세의 수탈이나 그들에게 큰 차이가 없었다. 백성들은 먹을 것을 찾아 두만강 건너 북간도와 연해주로 건너갔다. 그러나 나라 잃은 백성들을 환영해주는 곳은 없었다. 가는 곳마다 인색했고, 풍토는 척박했다. 오직 맨손으로 삶의 터전을 일궈야 했다. 정착할 곳을 찾지 못한 이들은 정처 없이 떠돌아야 했다.

　용성스님은 나라를 구하기 위해 맨몸으로 일어섰던 의병과 독립운동가들을 전력으로 돕는 한편, 당장 하루하루를 힘겹게 살아가는 민초들의 삶을 가슴절절하게 아파하며 빈궁해소를 위한 대책을 강구하기도 했다. 독립운동자금과 동지들을 규합하려고 전국을 돌아다녔던 그 6년 동안, 용성스님이 하루도 빠짐없이 '빈궁 해소를 위한 발원기도'에 전념했던 이유다.

　훗날 연길과 함양에 선농당을 설립한 것은 독립운동과 빈궁해소에 대한 용성스님의 오랜 고민과 구상에서 나온 것이었다. 이 둘은 각각 별개의 사안이 아니었다. 빈궁한 이들을 구제하기 위해서도 나라의 주권을 되찾아야 했다. 그러나 기존의 군주제는 아니다. 새로운 나라여야 한다. 바로 '민(民)이 주인으로 우뚝 선 나라'. 그러자면 민(民)이 스스로 움직여야 한다. 누구의 힘으로, 몇몇의 힘으로 될 일이 아니다. 어린아이부터 노인까지, 여성이든 남성이든, 시골 아낙네든 어촌의 어부이든, 삼천리 방방곡곡을 넘어 저 만주로, 연해주로, 하와이로, 샌프란시스코로, 멕시코로 뿔뿔이 흩어져 버린 장삼이사의 평범한 민(民)들의 힘이 절대적으로 필요했다.

　시절은 혹독했고, 전망은 암울했다. 독립운동에 투신했던 선각자들은 일제의 무단통치 앞에 속수무책이었다. 1911년 1월 안악사건[83]과 9월 105인 사건[84]은 초유의 대규모 검거 사건이었다. 그 수만 무

---

83) 1910년 11월 안명근(安明根)이 서간도(西間島)에 무관학교를 설립하기 위한 자금을 모집하다가 황해도 신천지방에서 관련 인사 160명과 함께 검거된 사건이다.

84) 1911년 일어난 105인 사건은 일본이 한국의 민족운동을 탄압하기 위한 사건들 중 하나이다. 단순한 모금활동에 불과한 안명근의 체포사건을 1910년, 총독 데라우치 마사타케

려 600명이 넘는다. 을사조약 이후 곳곳에서 일어났던 의병들과 의병장들은 일제에 의해 차례차례 처형됐다. 일부 독립투사들은 만주를 비롯한 해외로 거처를 옮겨갔다. 남은 이들은 몸을 낮추고 침묵을 지켜야 했다. 암중모색의 시기였다. 누군가는 앞장 서야 했다. 그래서 용성스님은 손병희 교주를 직접 찾아 나섰다. 숨죽이고 있던 국내 독립운동의 불씨를 종교인 규합으로 되살리기 위해서였다.

손병희 교주와의 의기투합은 곧 민족대표 33인을 구성하는 것으로 구체화됐다. 용성스님이 임제종 운동을 할 때 눈여겨보았던 한용운에게 역할을 맡겼다. 기독교와의 협력은 예상대로 쉬운 일은 아니었다. 용성스님이 『상해과역금강경』 책을 한권씩 선물하고 그 핵심 내용을 전달했던 것은 큰일을 하려는 이들의 마음부터 하나로 모으기 위한 작업이었다. 그렇지 않으면 일제에 저항은 물론이요, 사회의 어떤 울림도 되지 못할 것이었다.

"하느님이 보우하사, 우리나라 만세"란 '하늘을 감동시키지 않으면, 기적은 일어나지 않는다' 는 절박한 심경을 담은 말이었다. 그 속 뜻을 알아듣는 사람은 소수였다. 모두가 상황이 엄중하다는 인식은 있었으나, 시대를 통찰하는 힘은 저마다 달랐다.

1907년부터 중국으로 건너간 뒤 상하이에 독립운동의 거점을 만들고, 만주와 연해주 일대에 퍼져가던 독립군들에게 자금을 지원했던 용성스님이었다. 그러면서도 스님은 민(民)의 자발적인 움직임에 주목했다. 아니 그것을 포기하지 않았다. 개화하지 못한 존재들이라

암살미수 사건으로 조작하여 그 빌미로 양기탁, 이동녕, 이동휘, 윤치호, 전덕기 등 신민회 간부 및 기독교 지도자와 교육자들을 대거 투옥시켰다.

무시할 때, 스님은 현장에서 그들과 함께 했다. '개화'와 '문명'은 몰라도 마음의 '의기'를 잃지 않았던 이름 없는 백성들을 끌어내고자 했다. 이것이 용성스님이 독립선언문을 발표한 직후 일본헌병대에 신고한 이유다.

용성스님은 태화관 기생들에게 민족대표들의 신발과 두루마기들을 감추라고 하는 한편, 동헌스님에게는 일본 헌병대를 부르라고 했다.[85]

이중삼중으로 확인하며 신중을 기했다. 손병희 교주를 비롯한 민족대표들이 독립선언문을 발표하자마자, 일본 헌병대에 붙잡혀갔다는 소식은 발 빠르게 서울 종로 일대를 중심으로 전국 주요 도시에 퍼져나갔다. 신문보다 말(言)이 빨랐던 시대였다.

백성들이 반응했다. 바싹 마른 대지에 기름을 붓고 횃불을 던진 모양새였다. 당장이라도 모든 것을 태워버릴 기세로 3.1만세운동의 불길이 온 나라에 번져갔다. 평화시위였으나 기세만큼은 그 어떤 무력보다 강했다. 드디어 '민(民)'이 일어난 것이다. 용성스님이 그토록

---

85) 도문스님 인터뷰 자료에 따르면, "경성 종로 인사동 태화관에서 서기 1919년 기미년 3.1 독립운동 당시 민족대표 33인중 29인이 모여 만해 한용운 대사가 독립선언문을 낭독하고 대한독립만세를 외쳤다. 이때 용성스님은 천도교 대표 손병희 교주와 의논해 한용운 대사에게 독립선언서를 낭독시켰다. 29인 민족대표가 바로 귀가하는 것이 아니라 일제 경찰에게 체포되어 서대문감옥에 구금이 되어야 민중들이 이에 감응하여 독립운동의 물결을 일으킬 거라 생각했다. 이에 태화관 직원들에게 민족대표의 두루마기와 신발을 감출 것을 지시하고, 동헌스님에게는 한용운이 독립선언문을 낭독하고 민족대표가 '대한독립만세'를 부를 무렵 헌병대와 종로경찰서에 연락을 취하도록 했다. 결국 민족대표가 대한독립만세를 부르던 시각에 헌병과 경찰이 태화관에 들이닥쳐 29인 민족대표가 모두 함께 체포 연행되었다. 용성스님은 국가보안법 제7조에 적용, 서울 서대문형무소에서 형량 1년 6개월의 옥고를 치렀다." 죽림정사. 2007. 『용성진종조사·동헌완규조사·불심도문조사 3대대사연보』. 재단법인 대한불교조계종 대각회 출판부. pp230-232.(동일한 내용 수록)

원했던 '민'에 의한 '민'을 위한 '독립운동', 바로 그것이었다.

'하느님이 보우하사 우리나라 만세'란 눈에 보이지 않고 관념적인 천주, 하느님, 제석천 환인 33천이 아니라, 당장 눈앞에 널려 있으나, 스스로를 '하늘'이라 자각하지 못하는 이름 없는 민(民)을 감동시켜야 한다는 의미였다. 용성스님의 이러한 신념은 공약삼장[86] 두 번째 문구[87]에 그대로 담겨있다. "최후의 일인까지 최후의 일각까지 민족의 정당한 의사를 시원하게 발표하라"[88]가 그것이다. 독립의 그날까지 일심으로 정진해달라는 민(民)들에 대한 당부였다. 대외적으로는 한국민들은 "최후의 일인까지, 최후의 일각까지" 독립을 반드시 이루겠노라는 천명이었다.

일제도 이 점을 놓치지 않았다. 당시 조선총독부 재판부의 신문조

---

86) 공약삼장 내용은 다음과 같다.

1. 오늘 우리의 이번 거사는 정의, 인도와 생존과 영광을 갈망하는 민족 전체의 요구이니, 오직 자유의 정신을 발휘할 것이요, 결코 배타적인 감정으로 정도에서 벗어난 잘못을 저지르지 말라.

2. 최후의 일인까지, 최후의 일각까지 민족의 정당한 의사를 시원하게 발표하라.

3. 모든 행동은 가장 질서를 존중하며, 우리의 주장과 태도를 어디까지나 떳떳하고 정당하게 하라.

87) 독립선언서의 초안은 최남선이 작성하고, 공약삼장은 한용운이 쓴 것으로 알려져 있다. 그러나 도문스님과의 인터뷰에 따르면, 첫 선언문은 천도교 이종일이 썼는데 내용이 너무 과격해서 자료를 최남선에게 넘겼다고 한다. 최남선의 초안을 본 용성스님은 전체적으로 문장은 매끄럽고 아름다우나 주장에 방향이 없음을 우려했다. 한용운에게 독립의 강력한 의지를 보이기 위해 "최후의 일인까지, 최후의 일각까지"라는 문장을 넣으라고 했다. 그러나 종교간 균형을 위해 공약삼장의 제1장은 천도교에, 제3장은 기독교에 맡겼다고 한다. 2019년 2월 5일. 도문스님 인터뷰 자료.

88) '최후의 1인까지 최후의 1각까지'의 결기에 찬 기개는 용성스님이 불제자들에게 지침으로 내려주었던 세간5계에서도 그대로 발견된다. 특히 첫 번째 계율을 "나라에 생명을 바쳐 충성하라"라고 한 것은 용성스님이 불제자들의 제일 덕목으로 독립운동을 강조하고 있음을 보여주는 사례다.

서를 살펴보면, 민족대표들이 "최후의 일인까지"라는 문구에 대해 집중 추궁을 당하는 모습이 발견된다.[89]

민족대표 공약삼장 2항 관련 신문 내용

손병희 59세, 천도교 교주

문 그러나 선언서를 보면 조선민족에 대하여 최후의 1인 최후의 1각에 이르기까지 정당한 의사를 발표하라고 되어있고 그것을 보면 어디까지나 독립의 의사를 발표할 것을 권유하여 민족전체의 분기를 촉구한 것 같은데 어떤가.

답 실제로 선언서는 그렇게 되어있다. 조선민족은 최후의 1인, 1각에 이르기까지 어디까지나 독립의 의사를 가지고 있으라, 그리고 그것을 발표하라고 되어있다.

문 아예 최초부터 그런 의사로 기초한 것이 아닌가.

답 그것은 그렇다. 우리들도 단결하여 독립의 의사를 발표하는 것이니 너희들도 최후의 1인까지 독립의 의사를 발표하라. 그런 의사로 기초한 것이다.

---

89) 손병희를 비롯 오세창, 한용운, 최린, 이종일, 최남선, 권동진 등 약 30여 명이 넘는 신문 내용을 살펴본 결과, 직접적으로 "최후의 일인, 최후의 일각"이 의미하는 바에 대해 추궁하는 장면이 공통으로 발견된다. 국사편찬위원회, 한민족독립운동사자료집 12권 3.1운동 Ⅱ, 三·一獨立宣言 關聯者 訊問調書(高等法院) (國漢文)
http://db.history.go.kr/item/level.do?sort=levelId&dir=ASC&start=1&limit=20&page=1&pre_page=1&setId=162&prevPage=0&prevLimit&itemId=hd&types&synonym=off&chinessChar=on&brokerPagingInfo &levelId=hd_012r_0010&position =51

문 선언서의 공약3장의 제2항에 있는 최후의 1인 최후의 1각까지 민족의
정당한 의사를 쾌히 발표하라고 한 것은 어떤 취지인가.

최린 42세, 천도교, 보성고등보통학교장

그것은 최후까지 노력하라는 취지이다.

권동진 59세, 천도교, 도사

그것은 한 사람도 빠짐없이 1각도 잊지 않도록 이 일을 알린다는 의미이다.

오세창 56세, 천도교, 도사

조선민족은 어디까지나 같은 뜻으로 힘을 합하자는 의미이다.

신석구 45세, 예수교 남감리파 목사

내 생각으로는 그것은 다만 33인이 최후까지 정당한 의사를 발표하라는
것으로 해석한다.

이필주 51세, 예수교 북감리교 목사

반항이라는 의사는 조금도 없다. 따라서 이 선언서도 그런 생각으로 쓴 것
이 아닌가 생각한다. 우리들은 어디까지나 반항이라는 의사는 없었으므로
그런 것은 없었던 터이다.

한용운 41세, 불교 승려

선언서의 공약 3장 제2항은 우리들이 독립의 의사를 발표해 두었다. 우리
들로서 하지 못했을 때에는 또 뒤를 이은 사람이 그 의사를 이어서 독립이

되도록 하라는 그런 의사를 쓴 것으로 생각한다.

위 내용만 보더라도 조선총독부 재판부가 '최후의 1인, 최후의 1각'이 미치는 여파에 매우 신경을 곤두세우는 모습이 보인다. 공약삼장 2항을 '폭동'을 선동하기 위한 문구로 몰아가려는 유도 심문이지만, 일반 대중들에게 폭발적인 영향을 미칠 것이라는 사실을 분명히 인지했기 때문이다.

용성스님은 대한민국 수립이라는 큰 그림 속에 하늘(民)을 감동시키기 위해 민족대표를 33인으로 구성하고, 종교별 분파별 이해에 빠지지 않도록 마음을 한데 모으는 설득을 하는 한편, 민족대표 전원이 일본 헌병대에 붙잡혀감으로써 나라의 독립을 위해 기꺼이 희생하는 모습을 연출했다. 또 '최후의 1인까지, 최후의 1각까지' 온 나라에 주권의 상징인 태극기 물결을 일으킴으로써 민족의 대 각성을 일으켰다.

그 결과 대한의 나라는 비로소 민국(民國)으로 거듭난 것이다. 상하이에 대한민국임시정부가 설립된 것은 하늘과 사람이 만들어낸 순리였다.

3.1운동 이후 항일독립운동의 담대한 도전들

제3장
3.1운동 이후
항일독립운동의 담대한 도전들

1. 불교 개혁을 통한 독립운동

서울 대성초당, 대각사, 대각교

용성스님은 1910년 나라가 국권침탈을 당한 후 국내외 정황과 시대 조류를 살피고, 이듬해인 1911년에 상경해 서울 우면산 아래 대성초당(大聖草堂)에서 머물렀다. 그곳은 백제에 처음 불교를 전한 인도스님 마라난타 대사가 병을 얻어, 우면산 약수로 치료하며 머물렀던 곳이라 대성초당으로 불렀던 곳이다. 불교개혁을 통한 민족중흥과 불교중흥의 뜻을 세우고 서울 종로 봉익동 1번지 민가를 구입하여 보수 개조하고 대각사로 칭했다. 당시는 우리나라 전통불교가 퇴색되고 일본 불교화되어 가고 있을 뿐만 아니라, 조선왕조 숭유억불정책의 분위기가 남아서 스님들을 천시하고 일반인들도 불자가 되는 것을 부끄럽게 여기던 때였다.

대각사에서 용성스님은 3년 동안 3천여 명의 신도들에게 삼귀의 오계의 계율을 주고 불제자로 만들었다. 이후 6년 동안 전국을 다니며 장차 함께 할 독립운동가를 모으거나 막후 후원자들을 규합하러 다닌 것도 이 시기였다.[90)

용성스님이 3.1운동으로 서대문 형무소에서 옥고를 치를 때 일제는 일부 제자들과 대중을 회유·협박해서 봉익동 1번지의 대각사를 팔게 하였다. 그 제자들은 대각사를 판 돈을 나눠갖고 뿔뿔이 흩어져 버렸다. 1년 6개월[91)의 옥고를 치르고 1921년 3월 출옥한 그날 용성스님은 군수를 역임한 적이 있는 강영균의 집에서 임시로 거처하게 되었다. 대각사가 팔렸다는 소식을 들은 순정효황후는 크게 한탄했고, 최창운 상궁, 고봉운 상궁 등이 함께 후원하여 이번에는 종로구 봉익동 3번지 민가를 구입해서 긴급히 개조하여 1921년 3월 대각사를 다시 열면서 아예 대각교를 창시하였다.

대각사를 팔 때 유일하게 일제의 회유에 굴하지 않았던 두 분의 제자 중 회암스님이 대각사의 일과 살림을 맡고, 동헌스님은 용성스님을 시봉하는 시자 역할을 함으로써 다시 대각사의 불교개혁운동을 시작했다. 이때부터 동헌스님은 용성스님을 가까이에서 모시고, 절 밖에서 이루어지는 외부인 면담은 물론, 극비리에 진행되었던 독립운동의 전모를 가장 상세하게 아는 역사의 증인이 되었다.

---

90) 죽림정사. 2007. 『용성진종조사·동헌완규조사·불심도문조사 3대대사연보』. 재단법인 대한불교조계종 대각회 출판부. p201
91) 형량은 1년 6개월이나 실제 복역기간은 2년 2개월에 달한다.

불교의 지성화, 대중화, 생활화

　종로 가회동의 강영균 군수 집에서 가진 법회에서 용성스님은 한문 불경을 한글화하겠다는 기원을 하였는데, 이는 수감생활 중 기독교 신자가 한글로 번역된 성경과 찬송가를 부르는 것을 보고 영감을 얻으셨기 때문이었다. 스님은 1921년 4월 삼장역회[92]를 조직하고 최초로 수많은 불경을 한글로 번역[93]했다. 복잡하고 구태의연한 불교의식과 염불을 간단히 정리해서 쉬운 우리말로 바꿨다. 음악에도 조예가 깊어서 찬불가를 직접 작사·작곡했는데 대각교의 의식집에는 용성스님이 만든 찬불가 7곡[94]이 실리기도 했다. 이외에도 절에서 풍금을 직접 연주하면서 가르쳤다. 스님의 불교 대중화의 의지는 만주와 함양에 화과원을 운영하면서 더욱 확고해졌다.

　용성스님이 1932년 불교 잡지에 쓴 기고문에는 "…각 농촌을 건설하고 각 지방기관을 설립하여 생산소비조합 등을 실시하며 농촌교당을 건설하고 농촌순회포교사를 두어 소작인이 집안 전체가 신앙하도록 하며…"라는 내용이 나온다. 자급자족하는 경제 공동체이자, 사상적으로는 불교 신앙 공동체인데, 이런 마을들이 국내외 곳곳에 만들어진다면 나라의 독립을 위한 근거지가 될 수 있을 것으로 본 것이다.

---

92) 三藏譯會, 삼장은 경(經)·율(律)·논(論) 등 모든 불경을 통칭하는 말. 불경을 번역하는 모임

93) "일제의 불교 세속화에 맞서 한국 근대 불교의 새벽을 열다". 중앙일보. 2010.03.07. 19개월의 대역사 끝에 『화엄경』 80권을 한글로 번역. 당시 동아일보는 사설에서 '불교의 민중화 운동, 세종대왕도 하지 못한 치적'으로 평가했다.

94) "손수 풍금치며 아이들 찬불가 가르친 용성스님". 불교신문. 2019.01.14. http://www.ibulgyo.com/news/articleView.html?idxno=171452

또, 대각사에서는 일반 신도들에게도 참선을 지도하는 선원(禪院)이 열렸고, 용성스님은 민중이 깨치지 못하면 조국 광복과 불교 중흥이

대각사에 소장중인 풍금

어렵다는 신념으로 대각일요불교학교[95]를 설립했다. 당시에는 어린이법회가 일요불교학교란 이름으로 열렸는데, 이는 일본 불교와 기독교의 영향을 받은 것이다. 기독 일요학교가 나날이 늘어나고 어린이를 대상으로 하는 교세 확장이 두드러지자 불교계도 전국 곳곳에 일요 불교학교를 개설하기에 이른다. 용성스님을 비롯, 최창운 상궁과 고봉운 상궁 등이 고문을 맡고, 춘성스님과 안수길 등이 교사였으며, 학생은 80여명에 달했다.

어린이 포교는 성공적이었는데 개교 한 달 만에 학예회를 개최했고, 하모니카 독주, 노래 독창, 춤, 요술, 연극 등을 선보였다.[96] 이렇게 용성스님은 1911년부터 1940년 입적하기 전까지 30여년간 약 3만 명의 불제자 양성과 불교의 대중화에 힘썼다.[97]

---

95) "역사의 증인, 마지막 상궁 성고불화 보살." 불교신문. 1992.8.19.
96) "이것이 한국 불교 최초 어린이법회". 법보신문. 2009.08.10.
    http://www.beopbo.com/news/articleView.html?idxno=57416
97) 용성스님은 불제자들에게 삼귀의 오계를 주었는데, 불제자라면 마땅히 나라에 충성하고, 부모에게 효를 다하고, 스승을 섬기고, 신의로써 벗을 사귀며, 의로운 싸움을 할 때 모두 생명을 걸어야 한다(세간5계)고 가르쳤다.

불교 계율의 복원과 지계 건백서[98] 제출

　용성스님은 왜색 불교에 맞서 전통불교를 지키려는 노력을 아끼지 않았다. 당시 일본은 내선일체를 주장하며 민족문화 말살 정책의 일환으로 한국 불교에 대한 왜색화(倭色化) 작업을 추진했다. 일본은 승려들의 대처솔가(帶妻率家, 승려가 결혼해 부인을 두고 집안 식구를 거느림)와 음주식육(飮酒食肉, 술을 마시고 고기를 먹음)을 조장했는데, 이런 왜색 불교문화를 한국 불교계에도 주입하려 했다.

　사실 조선 불교계는 일제가 아니더라도 조선왕조 500년 동안의 억불 정책으로 이미 존립이 어려운 상태까지 피폐해져 있었다. 승려는 천한 신분이었고, 도성 출입 자체가 금지되었다. 읍내 중심부의 사찰은 이미 다 사라져버린지 오래였다. 산속의 사찰은 산성을 쌓거나 보수·관리 등 과도한 국가의 부역을 감당하도록 했다. 또 유생들의 나들이까지 수발을 들어야 하는 횡포에 등골이 휘어질 지경이었다. 그런 가운데서도 소수의 승려들은 철저한 구도심으로 부처님의 가르침과 계율을 생명처럼 여기며 지켜왔다.

　불교 탄압이 극심했던 영조 시기, 환성 지안조사는 불교 중흥을 위해 노력을 아끼지 않았고 또 그의 가르침을 들으려 1,400여명의 사부대중들이 김제 금산사에 운집하기도 했다. 그러나 이런 열렬한 호응에 놀란 수백 명의 유생들이 상소를 올렸다. 그 모함으로 지안스님은 1729년 반역죄의 누명을 쓰고 제주도로 귀양 가서 사약을 받고 7일만에 순교[99]했다. 지안스님을 끝으로 조선의 불교가 지켜왔던 부

---

98) 관청이나 윗사람에게 전하는 의견을 적은 서류.

처님 가르침의 정수인 법맥과 부처님 당대로부터 전해내려 오던 율맥이 더 이상 전수되지 못하고 끊어졌다.

이를 안타깝게 여긴 조선의 승려들은 다양한 방법을 강구했다. 계율이 복원되지 못한다면 부처님 당대로부터 이어져 온 불가의 정통성을 확보하지 못하기 때문이었다. 그래서 금담법사는 제자인 대은법사와 함께 지리산 칠불암에서 부처님의 계율을 중흥해야겠다고 다짐하고 7일 동안 용맹정진에 임했다. 7일 기도 후 한줄기 빛이 제자인 대은낭오 율사에게 비추어진 것을 보고, 끊어졌던 부처님의 율맥(스승과 제자로 이어지는 계율의 계보)이 대은낭오 율사에게서 복원되었다고 생각했다. 이를 불교계에서는 서상수계(瑞祥受戒)라고 한다. 그래서 금담법사는 다시 제자인 대은낭오 율사로부터 계를 받고 수계제자가되었다. 한편 조선 불교의 율맥이 끊어졌다고 생각한 일부 다른 스님들은 중국으로 가서 중국 승려로부터 계를 받아 왔고 이로써 다시 율맥이 복원됐다고 생각했다. 이런 연유로 나중에 승려들 사이에 서로 정통 율맥을 주장하기에 이르렀다.[100]

한편 대은낭오 율사로부터 시작하여 금담법사, 초의선사 등을 거쳐서 계율을 이어받은 용성스님은 조선 불교중흥율 제6조가 되었다. 그리고 조선 불교의 마지막 법맥 전승자인 석가여래부촉법 제67세 환성 지안조사로부터 법맥을 원사(遠嗣 : 동시대인이 아니라서 직접 배우지 못하고 정신으로 계승)하여 복원하였다.(석가여래부촉법 68세) 용성스님의 출

99) "순교자 피 머금고 핀 불교, 그러나 기억되지 않았다". 법보신문. 2017.02.20.
　　http://www.beopbo.com/news/articleView.html?idxno=96643
100) "용성 스님이 대처육식을 반대한 까닭은". 불교닷컴. 2013.06.10.
　　http://www.bulkyo21.com/news/articleView.html?idxno=21661

생 당시의 태몽이나 출가 당시 주변 사람들의 현몽에서 용성스님은 환성 지안조사의 후신이었다.

조선 불교 스님들의 불교 중흥 노력에도 불구하고, 일제는 일본 문화인 대처승 제도를 적극 권장하였다. 각 도지사들에게 행정 공문을 보내 독신승려나 참선 수행자들에게는 숙식을 제공하지 말라고 지시했다. 이런 상황에서 승려들은 총독부의 신임을 받아야 주지를 할 수 있었고, 총독은 종단 지도자들을 초청해 연회를 베풀고, 일본 천황으로부터 하사받은 은잔으로 술을 권하기도 했다. 결혼 안한 스님들은 사찰에 기거하기도 어려웠는데, 큰 절의 주지급들은 부인을 두고 술과 고기를 먹는 것이 총독의 신임을 얻어 출세를 보장받는 통과의례가 되었다.[101] 종단을 지도하는 스님들은 급속하게 대처승으로 변해가고, 출가 독신 승려 중심으로 운영되던 조선 불교 교단의 전통이 완전히 파괴될 위기에 처한 것이다.

1926년 5월, 용성스님(당시 범어사 주지)은 함경도 석왕사 주지 대전스님과 합천 해인사 주지 회진스님 등 비구 127명에게 서명을 받아 1차 건백서를 제출해 불교계 내부에 큰 반향을 일으켰다. 당시 용성스님은 "대처솔가와 음주식육을 하는 승려들이 많은데 이는 불교 교지에 어긋나는 일로 조선 불교를 망하게 할 징조"[102]라며 계를 범하는 온갖 행태에 각성을 촉구하고 "조선 불교의 장래를 위해 대처승의 비구계를 취소하고 대처승이 주지를 맡는 것을 금해야 한다"고

---

101) "이 시대가 요구하는 한국 불교의 역할". 불교포커스. 2018.11.06.
    http://www.bulgyofocus.net/news/articleView.html?idxno=80294
102) "백여 승려 연명으로 범계생활 금지 진정" 중. 동아일보. 1926.5.19.

건의했다.

이를 계기로 불교계에서는 대처식육의 문제점을 거론하는 논의들이 거세게 일었다. 그러나 이런 건의도 급속히 재편되어가는 조선 불교의 일본불교화 추세를 되돌리기에는 역부족이었다. 때문에 용성스님은 2차 건백서에서 근본적으로 승려들의 대처식육을 막아야 하지만 현실적으로 어렵다면 부처님 계율을 올곧게 실천하고 있는 비구승의 전통을 유지할 수 있도록 차선책을 시행해 줄 것을 제안했다. 즉 일부 본사 사찰은 결혼 안 한 비구승이 주지를 맡도록 제도화하자는 것이었다. 그러나 그것도 받아들여지지 않자 용성스님은 기존의 불교를 버리고 대각교를 확산시키는데 주력했다.

용성스님은 꺼져가는 조선 불교의 전통과 맥을 계승하고 포교하는데 진력을 기울였다. 총독부의 불교 왜색화에 흔들리지 않고 부처님의 가르침과 계율에 따라 정진 수행하는 불교의 지성화, 어린이, 여성, 일반인들이 쉽게 배우고 익힐 수 있는 불교의 대중화, 스님들

용성스님이
총독부에 제출한
건백서

이 농사짓고 일하며 신도들이 사찰 운영에 함께 참가하는 불교의 생활화에 누구보다 앞장서서 불교 개혁을 이끌어갔던 것이다.

2. 독립운동의 근거지, 명월구 농장과 대각교당

만주에서 독립운동의 기반을 마련하다

　3.1운동 이후 일제의 심한 간섭을 받게 된 용성스님은 독립운동의 새 근거지 마련을 위해 국외인 만주지역으로 눈을 돌리게 된다. 뿐만 아니라 1921년 자유시참변[103]으로 갈 곳을 잃은 독립운동가들의 근거지가 필요했다. 그래서 1922년 중국 연길 명월구(明月溝)에 대규모의 땅을 매입하여 농장을 만들었다. 그후 1927년 경남 함양에 화과원[104]이란 과수 농장을 설립하였다. 또 1926년 함경도 회령[105]지역 포교를 넘어 1927년 중국에 대각사 용정포교원인 대각교당[106]을 설립했다.

　연길 명월구 농장은 명월촌(明月村)과 그로부터 30리 떨어진 봉녕

---

103) 1921년 6월 28일 러시아 헤이룽강변 자유시에서 러시아 공산군과 고려혁명군 세력이 나머지 독립군들을 포위, 사살한 사건이다. 이에 한국 독립군 세력이 크게 약화되었다.
104) "스님들 과수원 일궈 돈 마련 … 불상 · 쪽박에 숨겨 임정 전달." 중앙일보 2015. 8. 15 선방이 16개, 감나무, 배나무, 밤나무 1만여그루를 37명의 제자 스님들이 농사를 지었다. 면적은 1,487,600㎡. 그러나 실제 농사지은 면적은 30정보(297,000㎡)라고 알려졌다.
105) "극북의 서광인 대흥사 염불방". 「불교」 31호. 1927. 회령군 김극락행의 염원으로 백용성 스님 초청 봉불식 거행, 당시 신도수는 300여 명
106) "대각교당 봉불식". 「불교」 40호. 1927. 간도 용정시 대각교당에서 봉불식 거행과 식순 소개

명월구 한복판에 우뚝 솟아있는 '옹성바위'[107]

촌(鳳寧村)에 위치한다. 농토와 임야 700 정보를 각각 구입해서 대규모 농장을 개설한 것은 일제의 압박을 벗어나 유랑하는 동포들을 받아들여 머무를 수 있는 터전을 만들고, 그들에게 불교 포교와 민족의식을 일깨워 주기 위함이었다. 또 독립운동가 후손들의 생계 지원과 독립운동 자금을 마련하기 위한 목적도 컸다.

명월촌은 용성스님이 밝힌 바[108]에 따르면, 중국 길림성 옹성랍자 용산동(中國 吉林省 瓷聲磖子 龍山洞)이라고 한다. 용산동보다 옹성랍자란 표현이 훨씬 구체적이다. 이곳은 일제가 만주를 차지한 후 연길현 명월구(延吉縣 明月溝)로, 현재는 길림성 안도현 명월진(吉林省 安圖縣 明月鎭)으로 지명이 변했다. 흔히 독립운동 역사에는 연길현 명월구로 알려져 있다.

봉녕촌은 소설 '원각촌'[109]에서 명월촌으로부터 북으로 30리 떨어진 분지에 위치하고 있어 겨울 바람을 막아주고 10만평의 산림 중에 이깔나무 고목이 많아 땔감과 집 지을 기둥감이 풍부했다고 표현하

---

107) 명월구의 옛 이름은 '옹성라자(조선족이 부르는 이름)' 다. 바람이 불면 사진에서 보는 것처럼 항아리처럼 생긴 바위에서 항아리에서 나는 소리가 나기 때문에 붙여진 이름이라고 한다. 일제가 1931년 9. 18사변을 일으키고 만주를 침략한 후에 이 지역 이름을 명월구(明月區)로 바꾸었다

108) 용성스님, '중앙행정에 대한 희망', 「불교중앙행정에 대한 불만과 희망」, 『불교』 93호 (0932.3), p15

109) 한동민에 따르면, 소설 '원각촌'의 저자 안수길은 명월촌 화과원을 소설의 배경으로 삼고있어, 실제 화과원의 모습을 가늠하는데 중요한 단서를 제공하고 있다. 안수길은 용

고 있다. 용정현에 의하면 1936년경까지 봉녕촌이란 지명이 있었고, 현재 지명은 안도현 량병진(安圖縣 亮兵鎭)이다. 이 지역은 현재 연변 조선족자치주 중심도시인 연길시에서 돈화시로 가는 교통로에 위치하면서 북쪽 지역이 가파른 고개로 막혀 있어 아늑한 분지에 위치해 있다. 옹성랍자 용산동은 현재 용산촌으로 지명이 남아있다. 이곳은 1938년 일제가 조선과 중국의 항일운동 조직을 소탕하기 위해 만든 간도특설대[110]가 주둔한 곳이다. 공교롭게도 간도특설대가 주둔한 그 마을은 명월촌 농장의 입구이며, 봉녕촌으로 이어지는 도로 길가에 위치하고 있다.

토지의 면적은 명월촌과 봉녕촌에 각각 700정보(町步)라고 한다. 원각촌 소설에서는 600상(垧)이었다고 한다.

1상(垧)은 지금도 중국 길림성의 안도현이 속해있는 연변 일대에서는 1정보(町步)와 동일한 면적 단위로 쓰고 있다. 현대의 도량형으로는 1헥타르, 즉 3천평이자 약 1만㎡이다. 결국 700정보라면 210만평의 규모다. 또 소설에서는 1상(垧)을 2천평으로 간주하고 있다. 600상(垧)이면 120만평이다. 물론 운허스님이 쓴 선농관(禪農觀)이란 글에는 70상(垧)이었다고 하니 21만평 규모가 된다.

이런 큰 편차가 나는 이유는, 안수길의 소설에서 실마리를 찾을 수 있다. 소설에서는 평지의 500상(垧) 중에 이미 농사를 짓고 있던 땅은 얼마되지 않았고, 조금 개간하고 시냇물을 이용하면 논을 100

정 대각교당의 핵심 운영자였던 안용호의 아들로, 그 자신은 서울 대각사 일요 불교학교에서 교사 생활을 하기도 했다. 한동민. 2017. "백용성의 만주 대각교 농장과 함양 화과원". 「大覺思想」 제29집

110) 1938~1939. 동북항일연군, 팔로군 등 항일조직 탄압을 목적으로 만들어진 일본 토벌대. 8~900명 규모의 부대

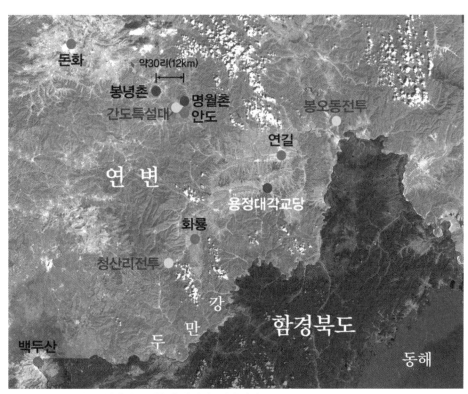

구글 위성지도에서 본 명월촌과 봉녕촌, 용정 대각교당의 위치

정보 가량 만들 수 있는 터였다고 소개된다. 100여개의 농가가 들어설 만하며, 여름엔 농사짓고 겨울엔 숯을 구우며 초원에서 목축도 가능했다. 이렇게 본다면 실제 땅은 200만평 규모로 넓었으나 농사짓는 땅이 100정보가 채 안되고 나머지는 숲이나 산지였을 가능성이 높다. 운허스님의 글에서 나온 70상(垧)의 면적은 당시 농사를 짓고 있는 면적으로 이해해야 한다.[111]

---

111) 「백용성의 만주 대각교 농장과 함양 화과원」 .한동민. 2017. 『대각사상』 제28집

땅을 구입한 시점은 1922년이다. 이때는 용성스님이 출소한 다음 해다. 새로운 봉익동 3번지 대각사 운영에 집중하면서 화엄경 번역에 몰두할 시기였다. 농장을 구입하러 만주로 다닐 여유가 없었을 것이라는 지적이 나올 수 있다. 그러나 1919년 말 상해임정의 활동이 지지부진해지자, 1920년 북간도에서는 봉오동전투, 청산리전투 등 무장투쟁이 전개되었다. 그런데 1921년 자유시참변으로 독립군이 궤멸되자, 남은 독립군들은 뿔뿔이 흩어지고 좌절했다.

이때 새로운 독립운동의 근거지 확보가 절박했다. 이곳 명월구는 외진 데다가 미개척지가 많아 독립운동 거점 마련에도 농장을 개척하기에도 최적지였다.

그래서 용성스님은 농장 수준을 넘어 대규모 마을이 들어설 수 있는 규모의 부지가 필요했다. 부지 구입은 임동수와 순정효황후, 황실 상궁 등의 재정 후원[112] 으로 이루어졌다. 만일 농장만 필요했다면 한인 마을이 모여 있고 경작지가 넓은 곳이 꽤 많았을 것이고 이렇게 대규모로 구입할 필요도 없었을 것이다. 한인 사회가 일찍부터 만들어진 용정의 명동촌을 시작으로 용정 해란강 일대의 서전벌, 화룡의 평강벌, 로두구와 조양천의 벌판에 비하면 이곳 명월촌은 산악이 많은 지형이다. 물과 들판과 농민들이 많은 곳을 두고, 굳이 농장을 한다면서 깊은 산골인 명월구를 택한 것은 명월구의 지형 지세가 교통의 중심지면서도 산악이 많은 지형적 특수성에 기인한다고 짐작된

---

112) 안용호 이사장 증언 "1927년 2월 백용성은 시주자 고봉운, 최창운 여사로부터 희사금 1만원을 얻어 명월구와 태평동에 토지를 매입하여 용정 대각교에 기부하였고, 백용성, 고봉운, 최창운 3인과 신도대표자 사이에 토지와 삼림 및 가옥을 기부하는 서약서를 작성하였다". 「간도신보」. 1938.4.12.

다. 안수길의 소설에서도 그 땅을 보고 구입한 해룡스님(용성스님을 모델로 한 소설의 주인공 이름)이 마음에 들어 촌 이름까지 고치기로 했다는 표현이 나온다. 그 땅의 목적은 다름 아닌 독립투쟁을 위한 배후기지 건설이었던 것이다.

1920년대 초 만주지방 한인 사회의 모습을 살펴보면, 1919년 3.1 운동 탄압 후 무장독립투쟁의 필요성이 대두되었고 독립군들에 의해 국내 진공 작전이 여러 차례 전개되었다. 드디어 1920년 6월 봉오동 전투의 승전보가 전해졌고, 10월에 다시 청산리 전투의 승리를 일구어냈다. 그러나 청산리의 승리 후, 일제의 대규모 탄압이 뒤따랐고 독립군들은 러시아 자유시로 주력을 이동시켰다. 그렇지만 1921년 6월 또다시 자유시 참변을 겪고 독립군들은 뿔뿔이 흩어지거나, 일부는 다시 만주로 돌아왔다. 독립군들은 믿었던 소련 혁명정부에게마저 버림받았다. 더 이상 기댈 곳을 잃어버렸다.

그들은 일제의 감시를 피할 은신처가 당장 필요했다. 눈비라도 피할 움막이 급했다. 잃어버린 독립군 주력들을 다시 정비해야했다. 독립군 가족들은 안정적인 생계수단이 필요했다. 어느 것 하나 시급하지 않은 것이 없었다. 용성스님이 서울 대각사에서 경전을 번역하기 시작한 시점에서 일어난 우리 민족의 비극이자, 독립운동을 가로막는 큰 장애물이었다. 그럼에도 불구하고 모든 것들이 일제의 감시와 탄압을 피해나갈 수 있는 방법을 찾아야 했다.

이러한 사회 배경이 용성스님이 아무 연줄도 없는 연길 명월구에서 갑자기 대규모 농장을 개설한 이유다. 그리고 5년 뒤 용정 대각교당이 문을 열었다. 용성스님의 행적 중 이 5년간의 시기는 오직 불교활동 밖에 기술되어 있지 않다. 경전 번역, 불교잡지 간행, 외국 불교인들과 교류, 불교 개혁을 위한 결사체 결성과 수련, 대처승을 조장하는 총독부에 건백서를 제출한 것 등이 그것이다.

물론 반일 인사로 투옥되었다 석방된 직후라 일거수일투족을 감시당하는 시기였다. 외부 활동이 쉽지 않았을 것이다. 용성스님은 당장 국내에서는 활동이 쉽지 않았던 시기를, 오히려 미루어왔던 불교 개혁의 숙제를 해결하는 기회로 삼았다. 왕성한 불경 번역 사업을 벌이면서도, 만주 지방에서 일어나고 있는 새로운 독립운동의 움직임에 대해 주목하고 지원하였다.

만주의 당시 지주들은 땅을 빌려주고 수확량의 절반을 받는 병작반수제[113]를 운영하고 있었다. 이 제도는 땅없는 농민들에게 매우 불리한 제도였다. 그에 비해 명월구의 농장은 농민들에게 다양한 혜택을 주고 있다. 수확량을 지주 3, 소작인 7로 나누는 3.7제를 운영하였다. 또 개간한 땅은 5년간 소작료를 면제해주었고, 집을 짓는 나무와 재료비 50원을 제공했다. 3집당 소 1마리를 제공하였다. 1922년에 땅을 사고 운영이 시작되었는데 1927년경부터 기록에 나오는 이유는 이 땅을 개간하고 주민을 정착시키는데 시간이 필요했기 때문이다. 용성스님은 명월구의 농장이 자리를 잡자, 1927년 용정에 공식적으로 대각교당을 열었다.

---

113) 지주가 직접 경작에 참여하지 않고, 자기 소유지의 경작권을 타인에 양여하여 경작시키고 소유권자로서 수확의 반을 지대로 받는 제도.

독립운동사에서 연길현 명월구가 갖는 의미

북간도는 19C 말 두만강을 넘어 이주한 함경도 주민에 의해 개척되었다. 물론 옛 우리 땅이었지만 발해 멸망 이후 우리에게서 멀어졌고 후금시기부터는 만주족의 무대였다. 청나라가 베이징을 차지하고선 백두산 일대를 사람이 거주하지 못하는 곳으로 비워두었고, 200년 이상 방치되다가 1800년대 후반 기근을 피해 넘어간 조선 백성들에 의해 새로 개척된 곳이다. 바로 이곳에 일부 독립군 지도자들은 둥지를 틀고, 독립운동 기지 마련을 모색했다. 연해주에서 활동하다 다시 만주로 돌아온 홍범도는 1920년 6월 봉오동 전투 후 명월구를 거쳐 백두산으로 후퇴하다가 청산리 전투까지 치르게 되었다.

1921년 6월 자유시 참변을 겪은 이후 명월구에서 재기한 부대는 '고려혁명군'이었다. 이 '고려혁명군'에 대한 기록을 보면 다음과 같다.

의병장 출신 김규식(金圭植)과 고평(高平)·이범석(李範奭) 등이 1923년 5월 연길현(延吉縣) 명월구(明月溝)에서 조직하였다. 1920년 봉오동전투·청산리대첩 후 전 독립군 단체가 노령으로 들어갈 때 의군부군(義軍府軍)도 동행하였다. 그러나 자유시 참변을 겪은 뒤 소만(蘇滿) 국경을 넘어 옛 활동근거지인 연길현으로 돌아왔다. 이들은 추위와 식량난으로 크게 곤경을 겪고 있었는데, 이 소식이 1922년 3월 상해 대한민국임시정부에 알려지자, 임시정부는 노병회(勞兵會) 등과 같이 군자금을 모금, 50원을 지원하였다. 이에 재생의 전기를 마련한 김규식·고평 등은 청산리대첩의 주역 이범석을 맞아 명월구 요새지에서 400여명을 모아 고려혁명군을 조직하였다. 이는 북간도를 근거로 하여 크게 항일투쟁을 전개하면서 성과를 거두었던 의군부를 재편성한 큰 항일부대였다. 이들은 실전의 경험을 살려 진보적인 이념과 방법으로 전면적인 전술전략을 쇄신하고 나섰다. 주요 간부진용은 총사령 김규식, 참모장 고평, 부관장(副官長) 최해(崔海), 기병사령(騎兵司令) 이범석, 사장(師長) 최준형(崔俊亨), 헌병대장 허승완(許承完), 경무관(警務官) 허통(許通) 등이었다. 이 단체는 국민개병제도를 택하고 일반 동포의 교육계몽에 주력하여 군인의 자치를 도모하였다. 또한, 병농일치제를 채택하여 표면으로는 선량한 농민을 가장하며 항일투쟁을 전개하였다.[114]

이 글에 소개된 상해임정에서 보낸 50원은 유격대 조직을 재건하기엔 터무니없이 적은 돈이다. 자유시에서 패잔병 수준으로 돌아온 부대가 불과 2년이 안 되어 북간도에서 400명 규모의 큰 조직으로 성장한 배경은 무엇인가? 거처도 없어 풍찬노숙해오던 망국의 의병들이 국민개병제를 택한 점, 일반 동포의 교육계몽을 어디서 어떻게 하는 것인지, 군인의 자치는 무슨 뜻이며, 병농일치는 어떻게 한다는 것인지? 선량한 농민을 가장하여 항일투쟁을 하는 것은 어떤 것인지? 많은 의문을 제기할 수 있다.

그러나 교통이 편하여 이동이 쉽고 외부의 소식을 빠르게 접할 수 있는 곳, 또 각각 200만 평에 달하는 농지와 적당한 들판과 야산이 있고, 벌목을 해서 집을 지으며 숯과 도자기를 구워내어 자급자족이 가능한 곳, 집을 지을 재료비를 주고, 개간 후 5년 동안은 소작료를

---

114) 고려혁명군(高麗革命軍). 한국민족문화대백과, 한국학중앙연구원.

중국 길림성 안도현 인민정부가 세운 명월구 회의 기념비

받지 않는 곳, 그러면서도 산간을 끼고 있어서 언제든지 숨고 대피할만한 충분한 공간이 있는 곳, 이런 조건을 갖춘 마을이 가까이에 있다면 고려혁명군이 어떻게 재건될 수 있었는지 상상하기란 그리 어렵지 않다.

1931년 겨울, 이곳 명월구에서는 독립운동 역사에서 중요시 되는 명월구 회의가 개최되었다. 물론 명월구의 위치로 보아 독립군 조직의 크고 작은 회의가 무수히 있었겠지만, 중국과 북한 정부는 이 명월구 회의를 아주 의미있는 항일운동사로 기록하고 있다.

중국 정부는 중국 공산당 동만주 각 지역의 책임자와 열성분자들이 이 회의에 모였고, 중국 공산당 중앙에서 '일제의 침략을 반대하는 대중적 투쟁을 벌이라는 지침을 내리고, 투쟁할 여건이 좋은 지방부터 유격대를 창건하고 근거지를 개척하라' 고 지시한 회의였다고 한다. 그 회의는 중국 공산당이 중심이 되었는데 이것이 새로운 항일구국투쟁의 계기가 되었고, 필요한 사상·조직적 토대를 마련해주었다는 것이다. 북한에서는 김일성이 젊은 시절에 이 회의를 주도했고, 그 근거지의 배후도 조선사람들이 되어야 한다고 설득했다고 한다. 분단 이후 이념 대립으로 자세히 연구되지 못한 한계를 전제로 해도 그 회의에서 토론된 여러 주제들은 우리에게 많은 시사점을 준다.

간단히 요약하면, 지원해 줄 조국도 없고 함께 봉기해 혁명적으로 싸워줄 국민들도 없는 비정규군인 독립군들이 일제와 맞서 남의 나라인 만주에서 지속적으로 싸우기 위해 어떤 전략을 취할 것인가? 게릴라전을 지속적으로 전개하기 위해 독립군들은 안전한 휴식, 대열 정비, 무기 보충, 군사 훈련, 부상자 치료를 위한 근거지를 어디에 둘 것인가? 그 근거지는 어떻게 운영되어야 하는가? 농업 생산, 경제 활동, 무기 수리, 병원, 주민 교육, 주민 행정, 여타 대중 기반이 모두 필요했을 것이다. 이런 근거지를 둘 곳은 산악인지 도시인지 농촌인지? 국내인지 아니면 만주인지? 만주라면 중국인 거주지인지 아니면 조선인 거주지인지? 이런 쟁점에 대해 다양한 토론이 있었고, 이 명월구 겨울회의에서 투쟁 노선에 대해 합의를 이루었다고 한다. 명월구의 독립군들이 가진 문제의식은 9년 전에 시세보다 비싼 가격으로 엄청난 규모의 땅을, 만석꾼 집안과 왕실후궁과 상궁들의 도움까지 받아가며 급히 사야만 했던 용성스님의 문제의식과 맞닿아 있다.

이런 과정을 거쳐 세워진 명월구 농장은 1939년에 완전히 폐허가 되었다. 일제의 밀정에게 정보가 유출되었고, 용성스님이 30년간 구축해온 독립운동 지하조직은 완전히 파괴되고 말았다. 연길현 봉녕촌과 그 주위에 있던 20여 호의 마을 주민들이 독립운동 항일무장부대에게 식량을 공급하고 연락을 주고받는다는 사실을 알고, 경찰과 헌병들에 의해 농장 및 주변 마을들은 모두 불타 버렸다. 그때부터 그 마을은 절단부락으로 불렸다고 한다.

국내 독립운동의 거점, 함양 화과원

1927년 용성스님은 동헌스님, 임동수, 최창운 상궁, 고봉운 상궁과 함께 경남 함양의 백운산 자락에서 화과원(華果園) 설립법회에 참여했다. 화과원은 대각교당 농장으로 만들어진 곳인데, 이곳에 임야 30정보를 확보하고 산 아래 논밭을 구입해 운영하였다.[115] 경남 함양군 백전면 백운리 50번지 백운산(白雲山)에 위치한 화과원의 규모는 상당했다.[116] 우선 약 29만7520㎡(약 9만평, 또는 약 30여 정보) 규모의 임야와 황무지와 논밭, 대지, 잡종지 등 147만9864㎡(약 44만7659평, 약 150정보)에 이르렀다. 백운산의 화과원에는 밤나무, 감나무 등 유실수를 1만여 그루를 심었다. 참선과 노동을 함께하는 '선농일치(禪農一致)' 수행법을 제시하여 승려들이 신도들의 시주에 의존하지 않고 자력으로 생활할 수 있도록 하자는 취지였다. 그러나 그보다는 독립 자금을 마련하기 위함이 더 중요한 목적이었다.[117]

당시 함양 화과원에 있었던 회암스님의 증언에 의하면, 화과원 운영으로 마련된 자금 뿐만 아니라 전국 불교계의 독립자금이 함양으로 모여 일부는 군산항을 거쳐 뱃길을 통해 상하이의 대한민국 임시정부[118]로, 일부는 중국 만주 북간도의 용정 대각교당으로 전달되어 만주의 독립운동가에게 전달되었다.

---

115) 2016년 11월 14일 경남 함양군청에서 열린 '백용성 선사 화과원의 유허지 국가사적 승격지정을 위한 연구용역사업 보고 및 자문회의'에서는 일제강점기 화과원의 규모와 활동 상황 등이 소개됐다.

116) '함양 백용성 선사 화과원 유허지 국가사적 승격 지정 용역보고회'는 화과원을 "백용성 선사와 당대의 선지식인들이 선농 불교를 실천하면서 항일독립운동과 함께 불교의 개혁, 사원의 자립경제, 지역 빈민 아동의 교육복지사업, 불교 경전의 역경과 저술 등을 전개한 역사·문화적인 거점 공간"으로 소개했다.

117) 일제의 방해공작을 피하기 위해 제자들에게까지 철저히 숨김, 화과원에서 살았던 회암 스님은 '과일을 팔아 버는 막대한 돈이 없어져서 제자들 사이에서 스승님을 의심하는 마음이 생기기도 했다.' "독립운동 자금줄, 함양 '화과원'". 중앙일보. 2015.8.15. https://news.joins.com/article/ 21728590

118) 김명섭 외 3명. 2018. 「백범의 길」, arte 출판.

독립자금은 용성스님이 직접 갖고 가거나 동암스님 등 제자들이 국내 또는 중국의 독립운동가들에게 전했다. 스님은 주로 걸인으로 위장해 역시 걸인으로 변장한 독립운동가를 만났다. 또 불상 안에 돈을 넣어 상해 임시정부에 전하기도 했고, 승복 안에 숨겨 만주로 가져가기도 했다.[119]

용정의 대각교당

해외 포교당 운영은 불교 포교와 독립운동의 주요 거점이 되었다. 용성스님은 1927년 용정 시내에 대각사 포교당인 대각교당을 개원하였다. 당시 만주는 간도참변 등으로 일제에 의한 조선인 학살이 무수히 자행됐고, 독립군이 괴멸된 상태라 많은 조선인들이 절망 속에 헤맬 때였다. 용성스님은 이런 동포들을 위로하면서, 불교를 포교하고 민족의식을 일깨워 나갔다.

3월에 용정 대각교당을 설립하고, 9월에는 봉불식(사찰이나 가정에서 이사를 하거나 신축 또는 증축했을 경우 부처님을 모시는 의식)을 거행했다. 봉불식은 성황리에 마쳤고, 개원 당시 이미 300여 명의 신도가 모여들었다. 이후 대각교당은 독립군과 동포들에게 활동 거점이자 중요한 정보를 제공하는 원천이 되었다.[120] 이렇게 해서 서울 대각사가 중앙

---

119) "스님들 과수원 일궈 돈 마련…불상·쪽박에 숨겨 임정 전달" 중. 중앙일보. 2015.
   https://news.joins.com/article/18453464
120) "남명철, 연변의 불교". 「연변문사자료」 8집. 1997. 조선 불교계의 귀주사와 대각사, 일본 불교계의 정토종은 서로 불자들을 모으려 경쟁, 그러나 언제나 조선 불교계가 민중의 지지를 얻고 우세를 점함.

본부가 되었고, 함양의 대각교당 농장인 화과원, 만주의 대각교당 농장인 선농당, 대각사의 용정포교당인 대각교당이 지부로 연결되었다.

1938년 일제는 대각교를 사이비 종교로 몰아서 서울 대각사를 강제 해산 조치했다. 해산과 더불어 서울 대각사와 그에 소속된 함양 화과원, 명월구 농장과 용정 대각교당 등은 재산 보존의 길이 막혀버렸다. 용성스님의 비타협적 독립운동으로 일제의 창씨개명 요구를 반대한 결과 호적도 승적도 지니기 어려워졌다. 결국 법적 재산을 보장받을 수 없게 되자 할 수 없이 신탁은행에 재산을 신탁하였는데, 대각교가 해산되자 그마저도 보존하기 어려워졌다.

연길현 명월구의 농장은 처분 과정에서 사리사욕을 취하려는 사람들이 개입하면서 토지 소유에 분쟁이 생기기도 했다. 용정 대각교당은 해산 통보를 받았지만, 용정의 신도들이 서울 대각사와는 선을 그으면서 자체 운영을 주장하게 되었다. 함양 화과원에서 일했던 시인 김달진이 1941년에 용정을 방문했을 때 용정의 대각교당은 유지 계승이 되었다고 한다. 언제까지 유지되었는지 정확히 알 수는 없지만, 1993년까지만 해도 대각교당 담장 일부가 남아 었었는데 이듬해 백화점을 짓는다고 그것마저 사라지고 말았다.

후원자 : 순정효황후와 황실 상궁들

대한제국 마지막 황후인 순정효황후는 한일 강제 병합으로 망국의 운명을 맞이한 후 독립운동에 깊이 관여하고 있던 용성스님에게 법명(대지월)과 계를 받으며 많은 영향을 받았다. 황후의 머리맡에는 용성스님이 한글로 번역한 화엄경이 항상 놓여 있었으며, 매일 새벽 3시에 일어나 하루 종일 참선과 염불을 행했다고 한다.[121] 용성스님이 출소할 때는 일제의 감시에도 불구하고 서대문 감옥으로 최창운 상궁을 보내서 마중하게 했다.

용성스님 출소 후 대각사를 새로 세울 때도 봉익동 3번지 민가를 구입해 스님을 모셨다. 창덕궁에서 멀지 않은 곳에 대각사를 창건하도록 후원했음을 알 수 있다.[122]

"… 남은 여생을 오직 불전(佛前)에 귀의하며 세월을 보내던 중 뜻하지 않게 6·25 전쟁을 겪자, 한층 더 세상이 허망함을 느끼던 중, 내 나이 70여세 되오니, 불(佛)세계로 갈 것 밖에는 없어, 내 뜻을 표하노니…"라시며, 사바세계와 이별을 직감한 순정효황후가 미리 써놓은 유서로 불교와의 깊은 인연을 짐작하게 한다.[123]

또한 스님이 만주와 함양에 화과원을 설립할 때 상궁들과 함께 자금을 후원했다. 최창운 상궁, 고봉운 상궁, 유경운 상궁, 김명길 상궁, 박창복 상궁 등과 함께 용성스님이 있던 대각사를 다니며 중창불사를 위한 시주금과 상해 임시정부를 지원하기 위한 자금을 기탁하기도 했다. 마지막 상궁인 성옥염 상궁은 대각사의 대각일요학교 학생 출신이기도 했다. 임동수 집안과 함께 황실 불제자들의 재정 지원은 용성스님의 독립운동에 큰 축을 담당했다고 할 수 있다.

---

121) "조선의 마지막 원당. 백응사(上) : 왕실불교의 마지막 등불, 순정효황후". 불교신문 2013.11.06.

122) "한국 불교 100년 발자취를 찾아서 : 순정효황후". 불교신문 2016.1.17. p14.

123) "불전(佛前)에 귀의하고 70여세 되니, 불(佛)세계로…" 불교신문. 2016.02.15.

3. 윤봉길, 상해 임시정부로 파견

윤봉길이 1932년 4월 29일 상하이 홍커우공원(虹口公園·루쉰공원)에서 열린 일본왕의 생일인 천장절(天長節) 겸 전승축하 기념식에서 도시락과 물통으로 위장한 폭탄을 투척한 의거는 누구나 잘 알고 있는 쾌거이다. 윤봉길의 쾌거 뒤에는 아직까지 알려지지 않은 사실이 있다. 그것은 윤봉길을 김구에게 소개한 사람이 용성스님이라는 사실이다.

광복 이후 귀국한 김구가 12월 12일 서울 종로 대각사를 방문해 용성스님 영전에 참배하면서 눈물을 흘리며 "용성 조사님께서는 독립운동 자금을 계속 보내주시어서 나라의 광복을 맞이하는데 큰 이바지를 하였습니다. 뿐만 아니라 매헌 윤봉길 의사를 중국 상해로 보내주시어 만대 위국충절 순국으로 독립운동의 사표가 되게 하여 주셨나이다."[124] 라고 말한 대목에서 이 사실을 알 수 있다.

나라에 생명바쳐 충성하라

용성스님과 윤봉길(1908~1932)의 인연은 한용운의 소개로 이루어졌다.[125] 한용운과 윤봉길은 각각 충남 홍성군과 예산군 출신으로 인접한 지역의 출신이다. 윤봉길은 어린 시절 부모님과 마을 어른들로부터 우리나라를 빛낸 의인(義人)과 충성스런 절개를 지닌 위인에 관

---

124) 죽림정사. 2007. 『3대대사연보』. 재단법인 대한불교조계종 대각회 출판부. p302
125) 도문스님 인터뷰. 법륜스님. 2019. 02. 05. 부산:중생사

해 많은 이야기를 듣고 자랐다. 특히 어머니로부터 한용운·최익현·김좌진 등 주변 지역 출신의 위인들과 성삼문을 비롯해 안중근·전명운·장인환에 대하여 귀에 못이 박히도록 들었다.[126]

윤봉길은 천도교로부터 많은 영향을 받았다. 14세인 1922년 3월 22일 동학에 몸담았던 배성선의 딸인 배용순과 혼인하였다.[127] 배성선은 1894년 동학농민혁명에 참여했던 독실한 천도교도로 윤봉길에게 큰 영향을 미쳤다. 또 윤봉길은 18세인 1926년부터 고향에서 야학 등 농촌계몽 활동에 주력했다.[128] 당시 가장 영향력이 컸던 천도교 청년회가 발행하는 계몽잡지인 『개벽』을 구독했고, 이를 구하기 위해 서울을 왕래했다. 이때 윤봉길의 열렬한 기개를 본 한용운이 윤봉길의 뜻을 용성스님에게 전하면서 용성스님과의 만남이 이루어졌다.

윤봉길은 1930년 서울 종로 대각사에서 임철호(임동수의 손자)와 함께 용성스님으로부터 삼귀의 오계를 받았다. 용성스님은 윤봉길에게는 "중국 상해 대한민국 임시정부 백범 김구 주석에게 가서 신명을 바쳐 애국충성의 길을 가라"고 인도하고, 임철호에게는 "아들을 낳아 출가시켜 법을 계승하라"고 했다. 이때 두 사람이 받았던 삼귀의 오계 중 세간5계는 다음과 같다.

---

126) "아주스페셜–영원한 청년 의사 윤봉길2 성삼문의 선비정신, 어린 가슴에 불 지피다." 남보라. 2018. 「아주경제」 (8월 1일) https://www.ajunews.com/view/2018080115360 4052 "

127) phillip. 2013. "천도교인이었던 윤봉길 의사." 가야산 순례길 따라 역사와 문화 이야기 http://m.blog.daum.net/woolees7/15019175?tp_nil_a=1

128) 국사편찬위원회. "윤봉길." 우리역사넷 – 한국사 연대기 http://bitly.kr/j9sNW

첫째, 나라에 생명을 바쳐 충성하라 (歸命國家忠誠)

둘째, 어버이에게 생명을 걸고 효도하라 (歸命父母孝道)

셋째, 스승에게 생명을 걸고 공경하라 (歸命師長恭敬)

넷째, 벗에게 생명을 걸고 신의로 사귀라 (歸命交友信義)

다섯째, 전쟁에서 생명을 걸고 지혜롭게 이겨라 (歸命戰爭智勝)[129]

세간5계를 보면 웅혼한 기상과 결사항전의 기개가 엿보인다. 윤봉길 의사는 특히 첫 번째 계율을 마음에 새기고 결연하게 먼 길을 나섰다.

윤봉길이 상하이로 간 경로는 매우 신중했다. 윤봉길은 1930년 3월 8일 평안북도 선천에 이르렀을 즈음 일본 경찰의 검문에 걸려 경찰서로 끌려가 고초를 겪었다.[130] 일본 경찰과 앞잡이들의 삼엄한 경계 속에서 감시자의 눈을 피하기 위해 바로 상하이로 가지 않고 만주 용정으로 가서 용성스님이 설립한 대각교당으로 갔다.[131] 윤봉길은 신분을 위장하기 위해 그 해 12월에 다롄(大連)을 거쳐 중국 칭다오(青島)로 건너가 1931년 여름까지 세탁소에서 1년여 간 노동자로 일을 하며 때를 기다렸다.[132] 윤봉길은 감시의 눈이 약해진 1931년 8월 상해 임시정부를 찾아가 김구를 만났다. 윤봉길이 용정에서 상하이까지 이동하는 과정에서 임동수가 지원했다.[133] 윤봉길은 1932년 4월 26일

---

129) 백용성조사기념사업회

130) 국사편찬위원회. "윤봉길." 우리역사넷 – 한국사 연대기
    http://bitly.kr/j9sNW

131) 죽림정사. 2007. 『3대대사연보』. 재단법인 대한불교조계종 대각회 출판부. p252

132) 이현희. 1995. "윤봉길(尹奉吉)." 한국민족문화대백과사전
    http://encykorea.aks.ac.kr/Contents/Item/E0042345

133) 법륜스님. 2019. 02. 05. 도문스님 인터뷰. 부산:중생사

한인애국단에 입단하고, 4월 29일 홍커우공원 의거를 감행했다.

대한독립의 밑거름 된 윤봉길 의거

윤봉길의 의거로 일본군 상하이 파견군 사령관 시라카와, 상하이의 일본거류민단장 가와바타 등은 즉사하고, 제3함대사령관 노무라 중장, 제9사단장 우에다 중장, 주중공사 시게미쓰 등이 중상을 입었다. 윤봉길 의거는 일본제국주의의 팽창에 기가 꺾이고 있던 동아시아 국가들에게 항일투쟁의 의지를 다시 불 지피는 중요한 계기가 되었다.

당시 중국 국민당 총통이었던 장제스(蔣介石)는 윤봉길의 의거 소식을 듣고 "중국의 100만 대군도 하지 못한 일을 조선의 한 청년이 했다니 정말 대단하다."며 감탄했다. 이 일은 장제스가 조선에 관심을 갖고 대한민국 임시정부를 지원하는 계기가 되었다.

윤봉길 의사와 한인애국단 입단 시 쓴 선언문

윤봉길의 의거는 대한민국의 자유와 독립을 향한 열망을 국제사회에 널리 알렸고, 이후 카이로선언에도 영향을 미쳤다. 카이로선언은 제2차 세계대전 말기인 1943년 11월 27일 연합국측의 루스벨트·처칠·장제스가 이집트 카이로에서 회담을 갖고, 종전 후 일본의 영토 처리의 기본 방침을 처음으로 합의한 서명이다. 카이로선언에서는 4가지 주요 합의 외에 한국에 대한 특별조항을 넣었다. 그것은 '현재 한국 국민이 노예상태 아래 놓여 있음을 유의하여 앞으로 한국을 자유독립국가로 할 결의를 가진다'라고 명시한 조항이며, 이를 통해 국제사회가 한국 독립을 처음으로 보장했다. 이는 1945년 포츠담선언에서도 재확인되었다. 카이로선언에서 한국 조항이 들어간 것은 장제스의 제안으로 이루어졌으며, 이는 윤봉길의 의거와 임시정부의 활동이 장제스에게 감명을 주었기 때문에 가능했다.

윤봉길의 의거는 용성스님이 2차 국공합작 이듬해인 1938년 장제스를 찾아가 조중연합군(조선·중국 연합군) 창설 제안을 할 때도 영향을 미쳤다. 당시 용성스님은 자신을 윤봉길을 파견한 사람이라고 소개했다. 그 결과 장제스로부터 긍정적인 답변을 들을 수 있었다.

4. 조중연합군과 1만 대한의사군 양성 계획

용성스님의 독립운동사 중 1만 대한의사군 창설과 조중연합군(조선·중국 연합군) 추진은 비록 실패했지만 잊혀진 진실 중 하나다. 이 과정에서 용성스님은 장제스와 마오쩌둥(毛澤東)을 만나 조중연합군 설립을 제안하고, 1만 명의 대한의사군을 훈련시켜 홍범도 장군을 총

사령관으로 임명할 계획을 밝혔다.[134]

항일투쟁의 영웅, 홍범도

홍범도 장군(1868-1943)은 1927년 용정의 대각사에서 용성스님에게 삼귀의 오계와 함께 '대염(大焰)'이라는 법명을 받았다. '대염'은 '조국광복의 큰 불꽃이 되라'는 뜻이다.[135] 홍범도는 22세인 1890년부터 1892년에 금강산 신계사(강원도 고성군 외금강면 창대리)에서 지담대사(이순신 장군의 후손)의 상좌로 출가 수행한 경험이 있어 불교와는 가까웠다.

홍범도는 함경남도 삼수 출신의 부인과 결혼을 하였으며, 이것이 인연이 되어 1907년 의병항전을 개시하기 전까지 14년 동안 북청·삼수·갑산·풍산 일대에서 산포수 생활을 했다. 1907년 9월 3일 일제가 공포한 '총포급화약류단속법'에 맞서 항일의병을 일으켰고, 자신이 인솔한 70여 명의 산포수를 모아 1907년 11월 15일 함경남도 북청군 안평사 엄방동에서 항일 의병활동을 시작했다. 홍범도가 이끄는 의병들은 다음해인 1908년 9월까지 약 37회의 크고 작은 일본군 및 앞잡이들과 전투를 벌여 연전연승을 거두고 그 명성을 떨쳤다. 당시 함경도 북부지방에서 홍범도 의병부대의 항일전을 찬미하며 불리던 노래가 '날으는 홍범도가'였다. 일제가 토벌대를 만들어 공세를 펼치자 홍범도는 그해 12월 연해주로 근거지를 옮기게 된다.[136]

---

134) 죽림정사, 2017. 『도문스님 녹취록1(용성 진종 조사 간략연보)』, pp320~323.
135) 『도문스님 녹취록2 (호소문)』, 죽림정사, 2018, p99.
136) 홍범도기념사업회, 2005. "소개." 홍범도 장군.

홍범도는 1911년 5월 연해주에서 최재형(회장), 이종호, 이상설 등과 함께 한인사회의 권익 증진과 독립운동을 위해 '권업회'를 창립하고 부회장으로 새로운 활동을 시작했다. 1912년부터는 군자금을 마련하기 위해 광산·철도 노동자로 생활하기도 했다. 그리고 1919년 3·1만세 운동이 일어나던 해에는 '대한독립군'을

홍범도 장군

창설해 8월부터 국내 진입을 목적으로 무장투쟁을 시작했다.

홍범도는 1920년 6월 봉오동 전투에서 승리하였으나, 일제가 '훈춘사건'을 조작하여 이를 빌미로 대규모 병력을 북간도에 투입하자 백두산으로 퇴각했다. 이 과정에서 10월 청산리전투가 벌어지고 대승을 거두었다. 그러나 일본군의 강력한 반격과 탄압으로 독립군은 러시아로 다시 이동했다.

홍범도는 1921년 자유시 참변으로 대부분의 독립군 부대가 와해되자 연해주로 돌아와 남부 집단농장 등에서 고려인 지도자로 활동을 했다. 전설적인 독립군 장군이었으나 자유시 참변이라는 불의의 사건으로 독립군 부대를 잃고 다시 때를 기다리던 홍범도는, 용성스님이 1922년 만주 연길 명월촌과 봉녕촌에 새로운 독립운동의 거점

http://www.hongbumdo.org/contents/intro/intro_1.html

이자 조선 유랑민들의 정착지로서 대규모 농장을 설립하자 이곳을 왕래하게 되었고 1927년에 대각교당이 세워지자 수계를 받게 된 것이다.[137] 이때 홍범도는 용성스님에게 1만 명의 대한의사군을 양성할 것을 제안했고,[138] 용성스님은 이에 대해 고민하기 시작했다.

조중연합군의 제안

1937년 주변정세가 급변하기 시작했다. 외적으로는 7월부터 일본의 본격적인 중국 침략으로 중일전쟁이 시작되어 중국이 전란에 휘말렸다. 이에 2차 국공합작이 이뤄졌다. 내적으로는 1938년 일제 총독부가 종로와 용정의 대각교를 강제 해산시키면서 용성스님이 평생 동안 해왔던 활동이 사실상 모두 봉쇄되었다. 이렇게 되자 용성스님은 새로운 독립운동 노선을 적극적으로 모색할 수밖에 없었다.[139] 그것은 홍범도가 제안했던 '대한의사군 창설'이었다. 1937년 일본의 중국 침략으로 독립운동의 방향이 달라지게 되었다. 그동안은 대한의 독립을 위해 일제와 싸우는 것이었는데 일본과 중국이 전쟁에 돌입하게 되니 조국 광복을 위해 중국과 함께 손잡고 일본과 싸워야 했다. 그래서 용성스님은 1938년에 노구를 이끌고 중국을 방문했다.

1938년 용성스님은 장쉐량(張學良)을 통해 장제스와 마오쩌둥을 각

---

137) 홍범도와의 인연은 임동수가 환단고기 발행에 자금을 지원하면서부터다. 홍범도는 임동수에게 받은 자금으로 계연수의 환단고기를 발행한 바 있다.

138) 죽림정사. 2017. 『도문스님 녹취록1(용성 진종 조사 간략연보)』. p320

139) 죽림정사. 2017. 『도문스님 녹취록1(용성 진종 조사 간략연보)』. p320

각 만나 조중연합군 창설을 제안했다. 장쉐량은 제2차 국공합작의 길을 연 시안사건의 장본인이다. 장쉐량은 아버지인 장쭤린(張作霖)이 일본군에 의해 살해당하자 항일무장투쟁 노선을 확고히 했다. 만주 지역 군벌책임자였던 장쭤린은 대한독립군과 일본군 사이에서 드러나지 않게 독립군을 돕고 있었다. 그러나 일제의 침략이 노골화되면서 일제의 눈엣가시였던 장쭤린은 1928년 6월 4일 열차 폭탄테러로 살해당했다. 장쉐량은 아버지의 뒤를 이어 동북군의 책임자가 되었다. 동북군이 관할하는 중국 동북 3성은 옛 고구려의 영토이기도 했다. 장쉐량은 '아버지 장쭤린은 옛 고구려 영양왕 당시 중국 수나라 군대의 대규모 침공을 물리친 강이식 장군의 후신'이라고 믿었다.[140]

장쉐량은 아버지 사망 후 항일노선을 명확히 했고, 공산군 섬멸보다는 먼저 일본의 침공에 맞서 싸워야한다고 장제스에게 여러번 제안했지만 받아들여지지 않았다. 이에 동북군(만주군)의 지휘관인 장쉐량은 1936년 12월 공산군 토벌을 격려하러 시안에 온 장제스를 감금하고, 내전 정지 등 8개 항을 요구했다. 이에 장제스가 내전 정지와 항일투쟁을 수용하여 이듬해 제2차 국공 합작의 길이 열렸다. 국공 합작을 만들어낸 장쉐량은 조중연합군의 필요성을 제안한 용성스님을 장제스에게 소개해 준 것이다.

장제스와 마오쩌둥을 만난 용성스님은 "대한의 대장부 윤봉길 의사는 일본군이 제일 두려워하는 사람이고, 또 중국 전 인민이 살신성인의 위대한 애국자라고 칭송하고, 모든 대한국민이 윤봉길 의사의 쾌거는 장차 조국의 광복이 오리라는 희망의 등대라고 한다"며, "나

---

140) 죽림정사. 2017. 『도문스님 녹취록1 (용성 진종 조사 간략연보)』. p328~329

용성은 대염 홍범도 장군과 함께 윤봉길 의사와 같은 대한의사군 1
만 명을 모집하여 중국으로 보낼 터이니 국부군에서 10만 군, 공산군
에서 10만 군, 대한의사군 1만 군으로 총 21만 대군이 모여 조중연합
군을 구성하여 일본 침략에 맞서자"고 제안했다.

용성스님은 1만 대한의사군이 모집되면 먼저 공산군에게 보내 합
동훈련을 시킨 뒤, 공산군과 대한의사군 11만 명이 다시 10만 국부
군과 연합훈련을 진행하기로 합의했다.[141] 1만 대한의사군은 중국 동
북3성인 길림성, 요녕성, 흑룡강성의 조선족과 러시아 연해주의 고
려인을 대상으로 모집할 계획이었다.[142]

도문스님의 아버지인 임철호씨가 용성스님이 장제스와 마오쩌둥
을 만날 때 통역을 맡았다. 그리고 도문스님은 장쉐량(1898.6~2001.10)
생전에 조중연합군 추진에 대해 직접 확인하기도 했다.[143]

5. 만주 독립운동조직의 괴멸과 미완의 꿈

일제는 1938년부터 대대적으로 용성스님의 독립운동을 탄압하기
시작했다. 서울 종로 대각교에 해산 명령이 내려졌고, 연길 대각교에
대한 탄압은 더욱 심각했다. 1939년 봉녕촌의 대각교 포교당과 용정
대각교당 농장인 선농당, 그리고 인근 마을 주민들이 독립운동 항일
무장부대에게 식량을 공급하고 연락을 중개하는 혐의를 받았다. 일

---

141) 죽림정사. 2007. 『3대대사연보』. 재단법인 대한불교조계종 대각회 출판부. p266~267
142) 죽림정사. 2018. 『도문스님 녹취록3(예불문)』. p113
143) 도문스님 인터뷰. 법륜스님. 2019. 02. 05. 부산:중생사

만주 3성 치안숙정 주요성과 일람표

전과 별		각지구 공작대 전과합계
유기사체		1,172
귀순	(체포)	1,040
포로투항		896
소총		1,845
권총		713
자동화기	중기[관총]	3
	경기[관총]	43
	박격포	1
	자동단총	5
	척탄통	7
산채 궤멸		2,085
곡류		3,168 석
밀가루		1,224 자루
아편		3,473 량

국립공문서관 아시아역사자료센터 (일본)

본 군경은 봉녕촌 선농당과 마을 인근을 모두 불태웠다. 이렇게 해서 용성스님이 중국 동북3성에서 30년간 쌓아 올린 독립운동 비밀노선과 지하조직은 거의 괴멸되었다.

당시 일제는 1939년 10월~1941년 3월까지 '길림, 통화, 간도 삼성 치안숙정공작(治安肅正工作)'을 통해 대대적인 독립운동 토벌작전을 전개했다. 일제의 군경합동작전으로 길림, 통화, 간도에서 약 3천여 명의 항일연군 병력이 전멸했다. 1940년 2월 23일 제1로군 총사령관 양정우가 전사한 것을 비롯해 수많은 지휘관이 죽었으며, 독립군 병력이 괴멸됐다. 당시 전과기록을 보면 유기된 시체만 해도 1,172구, 투항자 1,040명, 체포 896명, 파괴된 병영이 2,085개나 되었다.[144]

밀정과 지하조직 붕괴

이 시기 독립군 지하조직이 괴멸된 연유는 일제가 심어 놓은 밀정

---

144) 第一復員局調整. 1951. "吉林 間島 通化三省治安肅正の大要. 昭和 14年 10月~16年3月." 防衛省防衛研究所 https://www.jacar.archives.go.jp/aj/meta/MetSearch.cgi

때문이었다.

조선총독부는 용성스님이 중국을 왕래하는 목적을 알아내려고, 스님이 병 치료차 방문하는 서울 종로의 '천일약방'을 주시했다. 낯선 사람과 애국지사들이 약을 지어 가는데, 모두 용성스님의 외상장부에 기록해 놓았고, 궁중의 최창운 상궁이나 고봉운 상궁 같은 사람들이 1년에 수 차례씩 계산하는 것을 확인했기 때문이다. 종로경찰서는 천일약방에 밀정 안 모(安 某)를 직원으로 투입해 놓았다.

어느 날 시자인 동헌스님이 용성스님을 모시고 천일약방에 가서 약을 짓는데, 처음 보는 직원의 민첩하고 예의바른 태도, 점잖은 인사말과 명필체를 보면서 호감을 갖고 서로 인사를 나누었다. 안 모는 자신을 소개하면서 "일본 메이지대학 법학과를 나왔는데, 검사가 된다면 조선독립 애국지사를 조사해야 되고, 판사가 되면 죄 없는 애국지사에게 형량을 언도하는 무서운 죄를 지을 염려가 있기 때문에 천일약방 직원이 됐습니다. 용성스님 같은 훌륭한 분들에게 약을 지어 드리다가 시절 인연이 되어 조국광복이 되면 그때, 당당한 판사, 검사가 되는 것이 올바른 도리라고 생각합니다."라며 "다행히 저희 집은 부유해서 천일약방에 월급쟁이로 들어와 생계를 유지하기 위함이 아니라 조국 광복이 오기를 기다리는 목적으로 취직했습니다"라고 밝혔다.

이후 동헌스님은 용성스님에게 안 모를 용성스님의 상좌로 삼아 중국 연길의 봉녕촌 화과원 관리장으로 발령을 내어 윤봉길과 같은 대한의사군을 모집하는 선봉장으로 삼을 것을 수차례 간청했다. 용성스님은 신중을 기해야 하는 일이기에 쉽게 결정하지 않다가 계속되는 천거에 안 모를 접해본 후 서울 종로 대각사에서 사미

10계를 설하고 출가시켜 '대현'이란 법명을 주었다. 이후 안 모를 중국 화과원 관리장으로 임명함과 동시에 독립운동 지하조직 명부를 주어 활동하게 했다. 그런데 상좌가 된 안 모가 일제의 밀정이었던 것이다.[145]

꺼지지 않는 대한독립의 열망

대각사와 화과원이 침탈당한 소식을 전해들은 용성스님은 "나의 할 바를, 도리는 다 마쳤도다. 기묘년(己卯年 1939년)에 절단이 나버렸구나. 그러나 이 절단이 나버린 씨앗이, 다가오는 다음 기묘년에는 우리나라 '대한정국' 8백년 국운을 맞이하는 해가 될 것이다"라고 예언했다. 그리고 "시절인연이 도래하여 대한정국 8백년 국운을 맞이하면 강대국의 종속국이 되지 말고, 주인다운 주인국이 되라"고 사실상의 유훈을 남겼다.[146]

용성스님은 지하조직이 붕괴된 후에도 항일투쟁의 의지를 꺾지 않고 마지막까지 대한의사군 조직화와 조중연합군을 추진하고자 했다. 용성스님은 자신만이 알고 있는 중국 동북3성의 조선족 독립운동 비밀조직과 러시아 연해주의 고려인 독립운동 비밀조직의 내용이 담긴 서찰과 당부의 말을 동헌스님에게 전하면서 홍범도에게 다음의 뜻을 전달하도록 지시했다.

---

145) 죽림정사. 2017. 『도문스님 녹취록1(용성 진종 조사 간략연보)』. pp342~346.
146) 죽림정사. 2017. 『도문스님 녹취록1(용성 진종 조사 간략연보)』. pp347~349.

지금 2차 세계대전이 한참 진행 중에 있는데, 연합군이 일본제국을 무너뜨리는 승전고를 울려야 우리나라가 해방될 수 있고, 만약 일본이 연합군과 싸워서 승리한다면 우리나라는 서광의 빛을 볼 수 없다. 나 용성의 독립운동 노선은 일망타진되어 박살이 났지만, 대염 홍범도 장군이 현재 생존해 있으니 대한의사군 1만여 명을 모집하지는 못하더라도 3천 명 정도라도 모아서 연합군에 참전해 일본제국을 무너뜨려야 한다.[147]

용성스님은 동헌스님이 잘못되면 더 큰 화근이 생길 것을 염려하여, 당신이 입적한 후 바로 홍범도를 찾아가지 말고, 일제의 감시를 피해 임동수를 도와 독립자금 모집을 지원하다가 2년이 지난 후 홍범도를 찾아갈 것을 당부했다. 용성스님은 1940년 2월 24일 조국광복을 5년 앞두고 77세의 일기로 이루지 못한 대한독립의 서원을 품고 입적했다.

2년 후인 1942년, 임봉래(임동수의 아들)란 가명으로 동헌스님은 중앙아시아로 강제 이주당한 홍범도를 카자흐스탄에서 만나 용성스님이 생전에 써주신 서신과 말씀을 전했다.

이 자리에서 홍범도는 바닥을 치면서 통곡을 하였다.

나는 중국 만주 용정 대각사 포교당에서 용성스님으로부터 삼귀의 오계를 받았는데, 조국광복의 대장군이 되라고 법명을 대염으로 하고 대한의사군 총사령관이 되라고 당부하셨소. 그러나 용성스님께서는 일제 밀정의 농간에 의해 완전히 실패해 버렸고, 나 홍범도 역시 실패에 실패를 거듭하고

---

147) 죽림정사, 2018. 『도문스님 녹취록2(호소문)』. pp94~95.

죽음을 기다리고 있소. 용성스님께서 입적하시면서 유훈으로 대한의사군 3천 명을 거느리고 일본제국주의를 무너뜨리는 연합군으로 참전하라고 하셨지만, 현재 3천 명은 고사하고 3백 명의 대한의사군도 형성할 수 없는 신세가 되었소.

홍범도는 당시 극장 야간수위, 정미소 노동자로 일하고 있었으며, 다음해인 1943년 76세 일기로 낯선 타국에서 한 많은 생을 쓸쓸히 마감했다.[148]

용성스님이 추진하고자 했던 조중연합군 창설은 당시의 시대적 과제였다. 1936년 사회주의 진영에서 등장한 동북항일연군[149]과 1940년 김구 등의 주도 아래 창설된 한국광복군[150]은 모두 이런 시대적 과제에 부응하는 시도들이었다. 이런 점에서 당시 항일독립운동에서 1만 대한의사군을 중심에 둔 조중연합군이라는 구상은 매우 의미 깊다고 팔 수 있다. 용성스님과 홍범도가 계획했던 1만 대한의사군 양성과 조중연합군의 추진은 밀정과 주변 정세의 변화로 빛을 보지 못한 채 끝났지만, 동북항일연군과 광복군을 통해 이어지고 구현되었다는 점에서 잊혀진 100년의 진실이 되었다.

---

148) 죽림정사. 2018. 『도문스님 녹취록2(호소문)』. pp99~100.
149) 중국 공산당 지도 아래 만주지역에서 결성된 항일군사조직으로 중국인과 조선인이 함께 참여했다.
150) 중국 충칭에서 창설된 대한민국 임시정부의 무장 독립군. 대한민국의 독립을 위해 일본제국주의를 타도하고 연합군의 일원으로 항전할 목적으로 창설. 국내 진공작전을 계획했으나 일본의 항복으로 무산됐고 1946년 6월 해체.

결結

용성스님의 유훈 계승
- 새로운 100년의 비전

용성스님은 온갖 기적과 불세출의 능력을 발휘하는 영웅적 지도자의 모습은 아니었다.

30여 년 구도의 길을 닦은 선지식이었음에도 불교 중흥과 대한독립을 향한 원력을 평생 지켜내며 고단하고 외로운 여정을 걸어가셨다.

49세의 나이에 우국지사를 찾아 삼천리를 누비셨고 1919년 3.1독립운동으로 2년 2개월의 옥고를 치른 이후, 60대의 나이로 중국과 서울을 수없이 오가며 독립자금을 조달하는 사업, 독립운동가의 발굴과 연결, 그 가족의 지원과 정착 등의 지원, 항일불교운동의 요람 '대각교'의 운영과 한글역경사업 등의 크고작은 독립운동에 온전히 매진하신 것은 틀림없다.

그래서 1936년 대각교 해산과 1939년 밀정의 잠입으로 국내외 독립운동조직이 괴멸되자, 모든 기력을 탈진한 용성스님은 마지막 말씀을 남기고 77세의 나이로 입적하셨다.

"나는 내 할 도리를 다했다.

이제 남은 건 너희들의 몫이다.

앞으로도 수고해다오."

일제 강점기 모든 독립운동가들의 희생과 공덕에 의해서 우리는 오늘, 해방된 조국에서 3.1운동 100주년을 맞이하고 있다.

대한독립만세의 거대한 독립을 향한 열망은 일제의 총칼 앞에 무너진 듯 했지만 다시 상해임정으로, 수많은 의사들의 항일투쟁으로, 해방으로, 민주화운동으로, 면면히 100년의 역사를 이어왔다. 그 주인공은 바로 대한국민, 우리의 선조요, 부모요, 우리 자신들이다.

1919년 3.1운동 100주년을 맞는 대한민국. 다시 새로운 미래 100년의 비전을 꿈꾸고 준비해야 할 2019년 지금,

해방된 조국에서 태어나 산업화를 통한 경제성장과 민주화를 통해 선진국으로의 도약을 이루어온 우리들에게 남긴 용성스님의 두 가지 유훈은 여전히 의미심장하다.

그 하나는 국민통합의 길이다. 용성스님은 조선 사람들이 밀정이 되어 배반하고, 민족지도자들이 친일파가 되어 창씨개명을 선동하는 모습 등을 보면서 "사분오열의 과보를 되풀이하지 말라"고 유훈을 남겼다. 지금 대한민국은 대결과 갈등으로 국론이 분열되고 국력이 소진되고 있다. 사회통합과 국민화합이 그 어느 때보다 절실한 상황이다.

다른 하나는 평화통일의 길이다. 용성스님은 "강대국의 종속국이 아니라 주인다운 주인국이 되라"고 유훈을 남겼다. 진정한 독립, 주인다운 주인국이 되는 것은 분단을 극복하고 통일을 이루는 것이다.

바야흐로 한반도는 평화를 위한 대장정의 첫 걸음이 시작되었다. 우리는 평화체제를 만들고 통일을 이루어 새로운 문명의 주인국이자 중심국이 되어야 한다.

일제 강점기 아래에서도 불교중흥과 대한독립의 길이 둘이 아님을 실천하신 용성스님의 길 위에 우리는 다시 서 있다. 새로운 백년의 꿈-국민통합과 평화통일-을 향한 길 위에서 다시 뜨겁게 뛰자.

후기

1. 용성스님의 잃어버린 독립운동 행적을 찾아서

지금까지 용성스님의 독립운동 행적을 역사적 사실들과 비교하되 세상에 공개되지 않은 활동을 중심으로 비교적 상세하게 살펴보고자 노력했다. 이 연구의 주 내용은 도문스님의 기억자료를 바탕으로 구성되었고, 현재 확인 가능한 사료를 근거로 비교하거나 혹은 이미 정설로 굳어진 기록들 속에서 연관되는 부분을 찾아내고 다시 불확실한 가능성을 추론해야 하는 지난한 과정이 끊임없이 반복되었다.

그럼에도 이 연구를 처음 접하는 분들중에는 단지 흥미로운 이야깃거리로 이해되거나 혹 역사적 정설에 익숙한 분이라면 매우 당혹스러울 수도 있을 것이다. 도문스님의 증언들에 대해 수없이 반신반의하며 그 진위를 확인하는 과정에서 긴 시간들이 쌓여갔다.

그러나 시간이 흘러도 일제 강점기 독립운동에 관한 새로운 사실들이 드러나는 경우는 매우 적었고 독립유공자의 진위 여부조차 제대로 확인 못한 채 어느덧 3.1운동 100주년을 맞이하게 되었다. 상해 임정요인들에게 용성스님이 독립운동자금을 지원했고, 윤봉길을 김구에게 파견했다는 도문스님의 기억과 구술자료에 대해 많은 이들이 반신반의했다. 그러나 백범의 기록과 몇 년전에 공개된 사진자료[151]를 통해 도문스님의 기억이 사실이었음이 입증된 것을 보더라도, '기

---

151) 2017. 2. 26. 「불교신문」. 소장자 이정훈(전 청소년불교연합회 지도법사)이 보관해오던 사진을 공개해서 처음으로 기사화됨.

용성스님의 독립운동 공적에 대해 감사인사차 방문한 김구 선생과 30여명의
임시정부 요인들. (앞줄에 조소앙, 이시영, 김구, 동암스님, 회암스님. 둘째줄
에 김규식, 이범석, 홍진, 조성환 등).

억'은 잊혀진 역사에서는 매우 소중한 '기록'이 되곤 한다. 앞으로 여러 오해와 비판을 기꺼이 감수하면서 잊혀진 기록들을 복원하는 노력을 계속해 나가고자 하니 아낌없는 격려와 질책을 부탁드린다.

2. 김구와 임정요인들이 용성스님에게 감사를 표하다

드디어 1945년 8월 15일 대한민국이 해방을 맞았다.

그해 11월 23일 상해 임시정부 주석 백범 김구와 김규식을 비롯한 15명이 중국 중경에서 귀국하고, 12월 1일 임정 외무부장 조소앙과 임시의정원 의장 홍진 등의 임정요인 2진이 귀국했다. 그로부터 10여일이 지난 12월 12일 김구는 임시정부요인 30여명과 함께 서울 대각사를 방문했다.

이날, 백범 김구는 이시영, 조소앙, 이범석, 유림, 김붕준, 홍진, 황학수, 김창숙 등의 임정 주요 요인들과 동행했다. 대각사 주지 회암스님, 용성문도 대표 동암스님, 만주에서 독립운동을 하다 급히 귀국한 동헌스님이 돌아가신 용성스님을 대신하여 임정요인들을 맞이했다. 이 자리엔 임동수의 장남 내외인 임정준·박송화 부부, 막내아들인 임봉권, 손자인 임철호(도문 스님의 부친)와 그 외 애국지사들이 함께 마중을 나왔다.

김구는 대각사 불전에 예배하고, 용성스님 영전에 참배를 한 뒤에 손수건으로 눈물을 닦으며 이렇게 말했다.

용성스님의 항일정신과 불교중흥을 위한 노력이 세상에 빛을 보게 되어 기쁩니다. 용성스님은 이미 열반하셔서 안타깝지만 스님의 크고 깊은 뜻을 우리 동지들이 잊지 말아야 합니다.[152]

임시정부 요인들을 환영하기 위해 봉영회가 주최한 저녁모임 (백용성조사기념사업회)

　김구는 '용성스님이 쌀가마에 돈을 넣어 만주로 보내주어 긴요하
게 썼던 일'을 회상했다. 그날 자리를 함께 했던 흥교스님은 "시민들
이 얼마나 많이 모여들었는지 건물 한쪽이 무너질 정도였다"고 회상
했다.

　또다른 임정 요인 이범석도 연길현 명월구에서 고려혁명군을 결
성할 무렵, 용성스님과 인연이 닿았을 가능성이 높다. 김구 외에도
이시영, 조소앙, 이범석 등 임시정부요인 30여명이 대거 대각사를 방
문한 것 자체가 비록 세간에 알려져 있지는 않지만 상해 임시정부
의 운영과 한국의 독립운동사에서 용성스님이 차지하는 비중을 보여
주는 대표 사례라고 할 수 있다.

---

152)　김명섭 외 3명(2018), 「백범의 길」, arte(아르테). '보은의 길'

용성스님 독립운동 연표

시기	독립운동 주요 행적	시대 생황·주요사건
1864년	음력 5월 8일, 전북 장수 번암면 죽림리 탄생	
1877년 (14세)	덕밀암 혜월 스님께 귀의. 만석군 임동수와의 운명적인 만남. 용성스님에게 임동수는 평생의 절친이자 신도였고, 독립운동의 후원자이자 동지였음 (당시 만석꾼은 오늘날 재벌에 비유됨). 혜월스님의 신자였던 임상학의 셋째아들 임동수와 처음 만달 당시 용성스님이 14세, 임동수가 13세였음. 이 첫 만남은 용성스님과 임동수가 평생 독립운동의 여정에서 임심동 체와 같이 움직이게 되는 출발점이 되었음.	
1879년 (16세)	출가, 해인사 극락암. 은사 화월 스님, 계사 혜조 스님	1882. 06.09 임오군란
1882년 ~ 1887년	이후 27년간 수도에 매진 1883년(20세) 보광사 도솔암에서 간경수행 1884년(21세) 통도사에서 비구계(조선 불교 중흥을 제6조) 1885년(22세) 송광사 삼일암에서 정덕전등록. 무자화두 1886년(23세) 아모도레원. 오도 1887년(24세)~1899년(36세) 보림. 덕밀암(혜월), 청룡사(무명고 승), 송광사 감로암, 지리산 상선암, 동리산 태안사, 지리산 무주 상암, 배양사, 송광사, 해인사 등에서 수행정진	1884. 10.17 갑신정변 발발 1894. 01.10 갑오농민전쟁 발발 06.23 청일전쟁 06.25 갑오개혁 1895. 08.20 을미사변: 명성황후 죽음 1896. 02.11 아관파천 04.07 독립신문 창간 07.02 독립협회 설립 1896. 10.11 국호를 대한제국으로 고침

118

연도	내용	시대 상황
1900년 ~ 1905년	1900년(37세) 석가여래계대법 74세 남묘해운대사로부터 수법 1901년(38세) 해인사 수선사 1902년(39세) 좌암사 1903년(40세) 묘향산 상비로암 1904년(41세) 절원 보개산 성주암 1905년(42세) 삼각산 망월사	1904. 02.08 러일전쟁 개시 1905. 07.29 가쓰라.테프트 밀약 11.17 을사조약 체결
1906년 (43세)	해인사 고려대장경 보수 불사 고종의 후구 귀인 엄상궁의 주선으로 고종을 친견한 자리에서 "양조는 물력 하더라도 왕족의 명조를 막고 죽음을 읽으키면 꼽매대장경 보수 불사가 필요함"을 역설하심. 대한제국의 위기가 엄중함을 인식하게 된 고종은 황실 내탕금에서 보수 불 사금 2만 냥을 지원받아 대장정 보수 불사를 추진.	1906. 02.01 통감부 설치 (초대 통감 이토 히로부미) 1906. 3-12월 각지에서 항일 의병 봉기
1907년 (44세)	중국 방문. 임동수와 동행. 용성스님은 중국 유명 사찰 순례와 고승 교류, 임동수는 임씨 가문의 씨족 찾기를 목적으로 내려왔으나 실제로는 중국내 인매 개척과 '고려인 삼'의 교역 준비를 위한 탐색.	1907. 01.29 국채보상운동 시작 1907. 4월 헤이그 밀사 파견. 07.16 고종 퇴위. 07.20 순종 즉위 07.31 군대해산 1907. 11.29 신민회 설립
1908년 (45세)	중국 방문. 용성스님은 중국 고승들에게 고승을 설법하고, 임동수는 임씨 시조의 원류인 임씨, 배씨, 황씨, 진씨, 주씨, 전씨 등과의 교류를 기반으로 당시 중국 최고의 인기상품이던 고려인삼 무역업을 시작함. (임동수와 민영익의 협력)	

시기	독립운동 주요 행적	시대 생활·주요사건
1909년 (46세)	임동수는 13년간 중국 상하이에 잔서, 임서 상하이에 인삼무역의 큰 거점을 마련. 이 인삼무역업을 통해 조성된 막대한 독립자금이 당시 상하이 등지에서 활동중이던 독립운동가들에게 지원, 1919년 4월 11일 상해임시정부가 출범하는데 재정적으로 기여함.	1909. 10.26 안중근, 이토 히로부미 사살 1910. 08.22 한일합병조약 조인
1911년 (48세)	2월 서울 상경, 타종교의 활발한 포교활동에 자극을 받아 신도집에서 선회(禪會)와 선포교(禪布敎)를 지음 시도. (불교 중흥과 독립운동을 바임). 서울 종로구 봉익동 1번지에 대각사를 염.	
1912년 (49세)	일제 강점기 일본 불교화에 맞서 조선 임제종 건립 포교, 한용운, 백한영 스님들과 함께 항일불교운동과 불교개혁 시도. 한편 1912년부터 1918년까지 6년간 전국 방방구구을 다니며 주요 관지에 있던 이름을 만나 독립운동을 지원해줄 것을 요청했으나 아무도 응답하지 않아 새로운 방향을 모색.	1912.07.04. 중국 상하이 독립운동단체 동제사 조직 (신규식) 1913. 05.13 미국 샌프란시스코에서 흥사단 조직 (안창호) 1915. 03. 상하이에 신한혁명당 조직 (유동열, 박은식) 1915. 07.15 대한광복회 조직
1916년 (53세)	임동수 집안의 도움을 받아 함경남도 북청에서 금광사업을 운영, 막대한 독립자금을 안전하게 조달하기 위한 통로로 3년간 위장 운영을 함.	1917. 11. 러시아혁명 1917. 05. 러시아 연해주 신한촌에 신문한족회 중앙총회 조직 (김립, 문창범 등)

120

| 1918년 (55세) | 1918. 6.26 러시아 하바롭스크에서 한인사회당 조직 (이동휘)
08. 상하이에서 신한청년단 조직 (여운형, 장덕수, 김구 등)
11.13 무오독립선언서 발표 | 천도교 손병희 교주와 독립선언 기사를 논의.
이때 옹성스님은 "33천 제석천왕 환인천주 하느님이 보우하사 우리나라 만세, 이것이 (3.1운동) 대아"임을 역설하고 태극기 사용을 적극 제안하심. 손병희 교주는 최제우, 해월스님과의 인연을 듣고 민족대표 숫자를 33인으로 하자는 옹성스님의 제안을 수용. |
| 1919년 (56세) | 1919. 01.21 고종 죽음
02.08 일본 2.8독립선언
1919. 03.01 3.1독립운동
04.11 상해 임시정부 수립
05.03 신흥무관학교
09.15 대한민국임시정부 출범 (대통령 이승만, 국무총리 이동휘)
11.10 김원봉 등 의열단 조직
1919. 6월 1차 세계대전 종전
1920. 06.04~07 봉오동 전투
10.21~26 청산리 전투 | 33인 구성과 관련하여 천도교, 불교, 기독교 각 11인 배정 계획은 기독교 감리회와 장로회측이 각각 11인을 배정해달라는 요구로 인해 진통을 겪음. 옹성스님은 사람이 하느님이라는 노력도 중요하지만, 하늘을 감동시키는 일이 중요함을 설득하고, "밧드시 하느님이 보우하사 우리나라 만세"를 기원해야 하므로, 불교제에서 한용운과 백용성 2명만 들어가고, 천도교 15인, 기독교 16인으로 조정해서 민족대표 33인을 구성하자"는 절충안을 제시함.
1919년 2월 20일 서울에서 옹성스님, 한용운, 오재강 3인이 장례와 현재의 기부성 및 만세운동 거사를 논의. 이때 옹성스님께서 그 자리에 동석한 환경스님에게 "민족을 대비하여 옥중 사식을 담당하고 이후의 수습과 지하운동을 하라"는 지시를 했었음. 1919년 3월 1일. 3.1독립운동 민족대표로 태화관에서 체포 (국가보안법 제7조 적용), 서대문형무소에서 2년 2개월간 옥고를 치름(행형상은 1년 6개월). 옹성스님의 옥중에 계실 때 제자와 신도들이 강암에 봉익동 1번지 대각사를 지음. |

시기	독립운동 주요 행적	시대 상황·주요사건
1921년 (58세)	3월 서대문 감옥에서 출옥 용성스님은 순성효동후 등의 후원을 받아 봉익동 3번지에서 그해 3월 대각사를 다시 개원하면서 대각교를 창시. 4월 불성을 한글로 번역하는 역경사업, 불교에서의 간소화, 어린이 포교사원, 전물가 각극 등 불교의 생활화, 대중선원에서 참선지도와 대각일요학교를 설립하여 불교 중흥과 조국 광복을 추구할 불자 3만여 명에게 삼귀의 오계를 수계 (1911년부터 임석하기 전까지)	06.28 자유시 참변
1922년 (59세)	3.1운동 이후 일제의 감시를 피하고자 새로운 독립운동 근거지를 국외의 만주지역에 개척. 연길(현 안도현) 과수 농장 화과원을 설립하여 선농(禪農)일치, 독립운동가 가족 지원, 독립자금 마련 등의 다목적 사대제을 운영. 명월촌과 그곳에서 12km(약 30리) 떨어진 봉녕촌 두 지역에 각각 700정보(210만 평)의 부지에 건립. 이들 위한 재정은 만석꾼 임동수 임동수 등의 후원으로 조달함.	1923. 5월 명월구에 고려혁명군 창설 1923. 9월 관동대지진 발생 (조선인 6천여 명 학살) 1925. 04.17 조선공산당 창립 04.18 조선공산당 고려공산청년회 조직 (박현영)
1926년 (63세)	조선총독부에 진해서 제출 (대처승가, 음주식육을 조장하는 일제의 대처승 제도 반대)	4.26 순종 사망 6.10 (6.10 만세운동)
1927년 (64세)	경남 함양군 백전면 백운리 50번지 백운산(白雲山)에 과수 농장 화과원을 설립. 그 규모는 30정보에 달하는 임야와 황무지가 약 29만9천520m²(9만 평), 논밭, 대지, 집중지 등이 147만9천864m² (약45만 평) 에 달함.	1929. 1.19 신간회 탈기(2월 15일 창립)

122

연도(나이)	활동 내용	주요 정세·사건
1927년 (64세)	중국 용정에 대각사 포교원의 형태로 대각교당을 설립하여 불교 포교와 독립운동의 거점으로 운영. 용정 대각교당에서 홍범도에게 삼귀의 오계를 수계, 법명 '대암'을 수여. 이때 홍범도가 용성스님에게 대한독립을 위해 '1만 대한의사군' 양성의 필요성을 제안함.	1929. 10월 세계 대공황 시작 11.3 광주학생운동
1930년 (67세)	용성스님과 운봉길 이사 만남. (어린 운봉길이 존경하는 인물이던 한용운 스님이 주선, 용성스님은 운봉길에게 삼귀의 오계 수계(세간오계 첫번째 "나라에 생명바쳐 충") 성하리'와 활동자금을 지원하고 중국 용정을 통해 상해임시정부의 김구선생에게 소개.	1930. 1-3월 광주학생운동 등 조선 전국 만세 시위와 동맹휴학 확대 1930. 03.01 상하이에서 한국독립당 조직(김구) 07.26 이청천 등 한국독립군 조직 08.08 조선혁명당 국민부와 공산당파로 분열
1931년 ~ 1932년		1931. 05.15 신간회 해소 09 만주사변 발발. 검거, 한인애국단 조직 용정 명월구는 지역 독립운동의 중본산으로 부각 1932. 01.08 이봉창, 일본 천황 암살 실패 04.29 윤봉길 의거(상해 홍커우 공원에서 열린 일왕 생일축하기념식장에 폭탄 투척) 이후, 중국의 1억 명이 윤봉길 이름을 기억할 정도로 동아시아에 항일의 희망을 쏘아올린 쾌거. 10. 남경에서 한국독립당, 신한독립당, 조선혁명당, 의열단 등이 대일전선통일동맹 결성
1934년 (71세)	조선총독부는 종교유사단체 교체조사를 전개, 천도교, 보천교, 대각교를 위시하여 민족종교단체에 대한 탄압을 본격화함.	1934. 2월 민주 한국독립당과 남경 한국혁명당이 '신한독립당'으로 통합 1935. 9월 중독부, 각 학교에 신사참배 강요

시기	독립운동 주요 행적	시대 상황·주요사건
1936년 (73세)	조선총독부, 매각교 해산시킴	1936. 12. 12 조선사상범 보호관찰령 공포
1937년		1937. 06. 04 보천보 전투 1937.07.07 중일전쟁 발발(제2차 국공합작 시작) 소련, 극동 시베리아 거주 한인 20만명 우즈베키스탄, 가자흐스탄 등 강제이주
1938년 (75세)	1936년 매각교 탄압과 1937년 중일전쟁의 발발 이후 윤봉성스님은 독립운동의 방향이 조·중연합투쟁으로 가야 함을 절실하게 인식, 중국에 가서 조·중연합군 창설을 위해 장제스, 마오쩌둥과 협의(국부군 10만 명, 공산군 10만 명, 대한의사군 1만 명이 항일조중연합전선을 펼칠 것을 논의).	1938. 4. 19 중독부, 조선어 교육 폐지 10.10 조선민족전선연맹의 군사조직 조선의용대 설성 11월 이광수 등 사상전향 신고서
1939년 (76세)	조선총독부 밀정 안 묘(茆)에 의해 윤봉성스님이 30년 유지해온 민주의 독립운동 지하조직 괴멸됨. 이로써 1만 대한의사군 창성은 미완의 구상으로 남음. 2차 세계대전 발발하자 제자 동현스님에게 3천 명 정도라도 대한의사군을 만들어 연합군에 참가하는 방안을 홍범도 장군과 상의하도록 지시함.	1939. 9월 일본, 동남부지안녹색공구 설치, 독립군 대대적 토벌작전 9월 제2차 세계대전 발발
1940년 (77세)	입적 (음력 2월 24일). 세수 77세, 법랍61세 윤봉성스님은 마지막 임적 장소를 밤여사, 내원사, 해인사 등지에서 찾았으나 일제의 탄압으로 머물 곳을 찾지 못한 채 서울 대각사에서 입적.	1940. 02. 11 창씨 개명 실시
1940년 (77세)	민족의 분열을 염려하며 '대한정구' 8백년 대운을 맞기 위한 유훈10 사목을 남김	1940. 10. 16 중독부, 민족말상정책 실시

124

연도	내용	
1940년 (77세)	• 유훈 1. 사회 통합의 과제 "자본주의의 과보를 되풀이하지 말라" • 유훈 2. 평화통일의 과제 "강대국의 종속국이 아니라 주인이 되어라"	
1941년 (사후 1년)	함천 해인사 남쪽에 용성조사 사리탑비 건립	1941. 12.9 임시정부, 일본에 선전포고
1942년 (사후 2년)	제자 동헌스님은 용성스님의 유훈을 받들어 중앙아시아로 강제 이주한 훔볌도를 만났으나, 당시 카자흐스탄에서 훔볌도는 "내가 300명도 모으기 힘든 사람이 되어 남의 장고자기 신세요" 라며 한탄, 훔볌도는 1943년 타국에서 독립의 한을 품고 쓸쓸히 죽음.	1942. 12.08 태평양 전쟁
1945년 (사후 5년)	12월 12일 김구, 이시영, 조소앙, 이범석, 황학수, 김장숙 등 상해 임시 정부 요인 30여명이 대각사를 방문하여, 용성스님의 독립운동 공적을 칭송하고 감사의 인사를 전함. 이 날 용성스님을 대신하여, 중국에서 급히 귀국한 동헌스님과 동운스님(임시정부 한국독립영화 회장), 회암스님(당시 대각사 주지)이 이들 임정요인들을 맞이하고 저녁을 대접함. 대각사 건물 한쪽이 무너질 정도로 인산인해를 이루었다고 함.	1945. 08. 15 일왕 항복선언과 제2차 세계대전 종결 09.06 건준, 조선인민공화국(인공) 수립 선언 09.07 미 극동사령부, 남한에 군정 선포 11.23 김구, 김규식 등 상해임정요인 1진 귀국 12. 01 조소앙, 김장숙, 신익희 등 상해임정요인인 2진 귀국 12. 27 모스크마 3상회의 (미, 영, 소 한반도 신탁통치 실시 합의)
1962년	대한민국 건국공로 훈장 추서(3.1)	
1990년	대한민국 은관문화훈장 추서 한글화회 감사패 추서(10.9)	

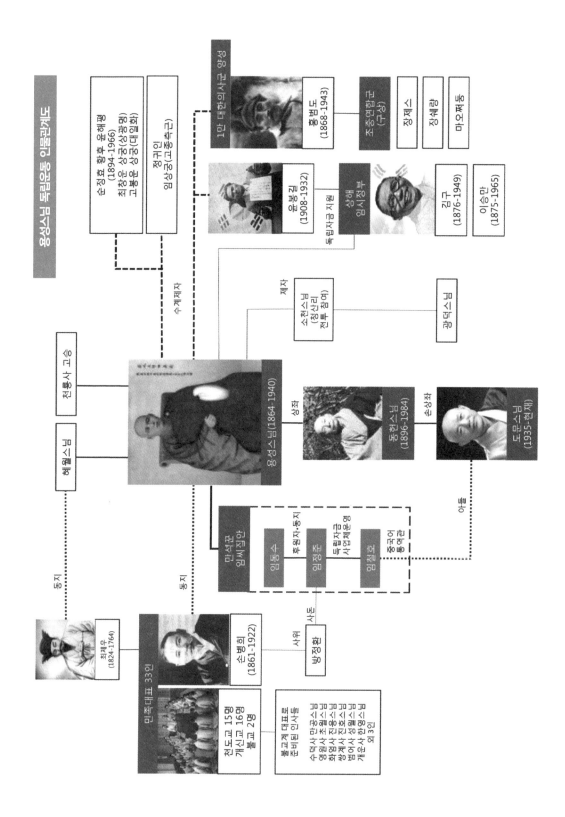

용성스님과 임씨가문 가계도

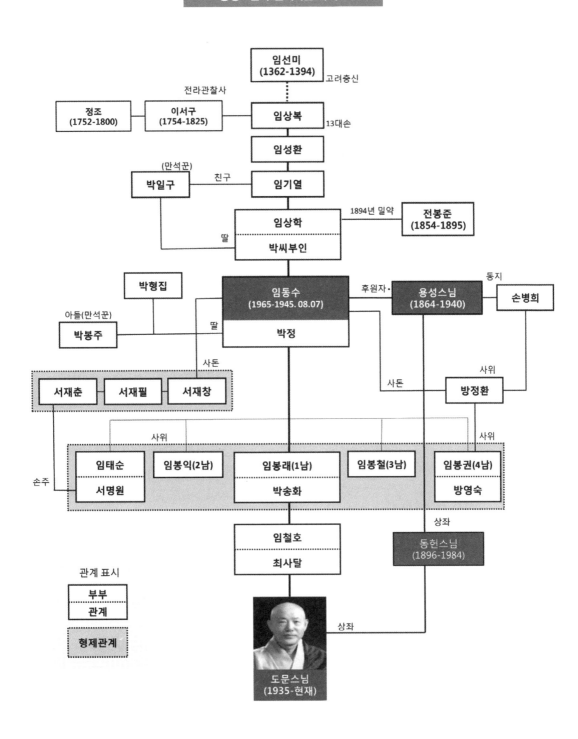

단행본, 논문

강만길. 1994. 『고쳐 쓴 한국 현대사』. 창비

강대민. 2010. "범어사 3.1운동의 재조명." 「大覺思想」 제14집

강준만. 2007. 「한국근현대사산책5권」. 인물과사상사

고순희. 2009. "만주 망명인을 둔 고국인의 가사문학 – 자료 및 작가를 중심으로." 「고시가연구」 제29집

공훈전자사료관. "독립운동사연표" http://e-gonghun.mpva.go.kr/user/ChronologyList.do?goTocode=30002

국사편찬위원회. 1966. "일본천황의 합병조서, 한국황제 및 황실에 대한 칭호, 한국국호에 대한 칭호 등." 「일제침략하 한국36년사1」

국사편찬위원회. 1989. 「한민족독립운동사자료집 9: 삼일운동과 국권회복단, 삼일운동과 천도교성미」. 국가기록원

김광식 외. 2010. 「한국 독립운동과 진관사」. 서울역사박물관

김광식. 2009. 『춘성–무애도인 삶의 이야기』. 새싹 출판

김광식. 2014. "백용성 대종사 자료의 발굴 및 현황." 「전자불전」 제16집

김광식. 2017. "백용성 사상과 민족운동 방략." 『백용성연구』. 동국대학교출판부. 62.

김광재. 2011. "일제시기 상해(上海) 고려인삼 상인들의 활동." 「한국독립운동사연구」 Vol.40. 221-222.

김광재. 2017. "근현대 상해 한인사 연구의 현황과 전망." 「해항도시문화교섭학」

김구. 2010. 『백범일지』. 태을출판사

김동택. 2010. "대한제국기 근대국가형성의 세 가지 구상." 「21세기정치학회보」 제20집 1호

김명섭 외 3명. 2018. 『백범의 길』. arte 출판. '보은의 길' 중

김명섭. 2016. "조선과 한국: 두 지정학적 관념의 연속과 분화." 「한국정치연구」 제25집 제1호

金法麟. 1946. "3·1運動과 佛敎". 『新天地 1-2』. 3月號

김정희. 2007. "백용성의 대각교의 근대성에 대한 소고 – 마음[覺]을 중심으로." 「불교학연구」 제17호

김종인. 2015. "백용성의 근대와의 만남과 불교개혁 운동."「大覺思想」제23집

남재철. 2012. 『강산 이서구의 삶과 문학세계』. 소명출판

노연숙. 2009. "20세기 초 동아시아 정치서사에 나타난 '애국'의 양상."「한국현대문학연구」제28집

류정수. 2007. 『한국의 예언』. 한울

목수현. 2006. "근대국가의 '국기(國旗)'라는 시각문화 – 개항과 대한제국기 태극기를 중심으로."「미술사학보」제27집

목수현. 2008. "대한제국기 국가 시각 상징의 연원과 변천."「미술사논단」27권0호. 한국미술연구소

목수현. 2011. "망국과 국가 표상의 의미 변화 : 태극기, 오얏꽃, 무궁화를 중심으로."「한국문화」vol.53. 서울대학교 규장각한국학연구원

박재현. 2014. "일제 강점기 '독립'의 한 의미 : 백용성을 중심으로."「한국선학」제38호

박현모. 2007. "일제시대 공화주의와 복벽주의의 대립–3.1운동 전후의 왕정복고운동을 중심으로."「정신문화연구」봄호 제30권 제1호(통권106호)

박현모. 2009. "'왕조'에서 '제국'으로의 전환 : '정국대전체제'의 해체와 대한제국 출범의 정치사적 의미 연구."「한국정치연구」18집 제2호

백승종. 2006. 『정감록 역모 사건의 진실게임』. 푸른역사

백승종. 2006. 『한국의 예언문화사』. 푸른역사

백용성. 2016. 「백용성 대종사 총서」1-20. 대한불교조계종 대각회: 동국대학교 출판부

서희경. 2006. "대한민국 건국헌법의 역사적 기원(1898-1919): 만민공동회, 3.1운동, 대한민국 임시정부헌법의 '민주공화' 정체 인식을 중심으로".「한국정치학회보」제40집 제5호.

시사시보사(時事時報社). 1959. 『3.1 운동비사(運動秘史)』

안수길 지음, 서경석 엮음. 2008. 『안수길 작품집』. 지식을 만드는 지식

이상규 외. 2016. "2016년 국립한글박물관 연구 용역 결과보고서." 국립한글박물관

이성수. 2014. "동암 선사의 생애와 사상."「大覺思想」제22집

이소영. 2008. "식민지 근대의 잡가와 민요."

이수창. 2015. "백용성의 선농불교에 대한 재조명–교단사적 측면을 중심으로."「大覺思想」제23집

이영재. 2018. "조선은 민(民)의 나라인가? 조선후기 근대적 전환 양상에 대한 정치사상적 재조명을 중심으로".「2016년 제3회 한국정치연구회 정례 세미나」. 한국정치연구회.

이자랑. 2015. "백용성 율맥의 성격 및 전개."「大覺思想」제23집

이치노헤 쇼코. 2013. 『조선침략참회기』. 장옥희 역. 서울: 동국대학교 출판부.94.

일연. 1281. 『삼국유사』

임중빈. 2002. 『윤봉길의사 일대기』. 범우사

장세윤. 1992. 『홍범도의 생애와 항일의병투쟁』. 한국독립운동사연구소

장세윤. 2007. 『봉오동,청산리 전투의 영웅:홍범도의 독립전쟁』. 역사공간

전우용. 2014. "한국인의 國旗觀과 '국기에 대한 경례' : 국가 표상으로서의 國旗를 대하는 태도
와 자세의 변화 과정." 「동아시아문화연구」 제56집
「정조실록 38권」. 정조 17년 (8월 16일)

정용화. 2004. "근대한국의 주권개념의 수용과 적용." 「세계정치 1권0호」. 서울대학교 국제문
제연구소

제점숙. 2014. "식민지 조선과 불교—근대기 대처승 문제를 둘러싼 한일 불교계의 동향." 「大覺
思想」 제22집

조동걸. 2010. 『한국독립운동사 총설』. 역사공간

조승미. 2017. "백용성의 참선 대중화 운동과 부인선원." 「大覺思想」 제27집

죽림정사. 2004. 『용성진종조사 연보』

죽림정사. 2007. 『용성진종조사 · 동헌완규조사 · 불심도문조사 3대대사연보』. 재단법인 대한
불교조계종 대각회 출판부.

죽림정사. 2010. 『연기법의 생활』. 재단법인 대한불교조계종 대각회 출판부

죽림정사. 2017. 『도문스님 녹취록1(용성 진종 조사 간략연보)』

죽림정사. 2017. 『도문스님 녹취록2(천룡사에 대하여)』

죽림정사. 2018. 『도문스님 녹취록3(예불문)』

죽림정사. 2018. 『도문스님 녹취록4(호소문)』

차기벽. 2000. "세기전환기와 한민족—구한말과 탈냉전기의 비교연구." 「학술원 논문집」 제39집
「淸韓貿易幷二上海ノ經濟地位」. 1909. 『貿易月報』13. 여강출판사 영인. (7월). 부록. 27.

최정운. 2013. 『한국인의 탄생』. 서울:미지북스

태지호. 2014. 『기억문화연구』. 서울:커뮤니케이션북스

한국동양정치사상사학회. 「한국동양정치사상사학회 2017 춘계학술회의」

한동민. 2017. "백용성의 만주 대각교 농장과 함양 화과원." 「大覺思想」 제29집

한승연. 2011. "일제시대 근대 '국민' 개념 형성과정 연구." 「2011 서울행정학회 동계학술대회
발표논문집」

행정자치부. 2015. "국가기록원, '3.1운동 판결문' 자료집(남부지역 편) 발간." 「보도자료」

허완중. 2017. "헌법 일부인 국호 '대한민국'." 「인권과정의」 Vol. 467

황태연. 2016. 『대한민국 국호의 유래와 민국의 의미:국호에 응축된 한국근대사』. 청계

Radstone, S. 2000. Working with Memory: an Introduction. Radstone, S.(ed.). Memory and Methodology.(pp.1~22). Oxford; New York: Berg.

언론, 잡지, 인터넷 사이트

"1994년 나제려대국 800년 국운열려." 「내일신문」(2009.3.2) (인터넷판)

"3.1독립혁명 민족대표 33인 선정과정." 「서울문화원」(2018.3.15) (인터넷판)

"3.1운동의 뿌리는 동학…100돌 맞아 '손병희 교조' 기렸으면." 「한겨례신문」(2019.1.9) (인터넷판)

"3.1운동과 불교계 역할." 「법보신문」(2019.1.02) (인터넷판)

"家家國旗". 「황성신문」(1908.4.24.)

"고종 '을사늑약 부당' 첫 외교문서 발견." 「동아일보」(2008.4.5) (인터넷판)

"극북의 서광인 대흥사 염불방." 「불교」 31호(1927)

"경무학도들 노래." 「독립신문」(1896.7.16)

국가보훈처 "친일반민족행위자 국립묘지 안장자 현황." 「시사인」통권 제590호(2019.1.11)

국가보훈처. 「공훈전자사료관」. 독립운동사 연표.
    http://e-gonghun.mpva.go.kr/user/ChronologyList.do?goTocode=30002(1911)

국사편찬위원회. 「고종시대사 자료」 5집.
    http://db.history.go.kr/item/level.do?sort=levelId&dir=ASC&start=1&limit=20&page=1&pre_page=1&setId=1&prevPage=0&prevLimit&itemId=gj&types=o&synonym=off&chinessChar=on&brokerPagingInfo&levelId=gj_005_c04_120_060_020&position=-1

국사편찬위원회. 「고종실록」(고종 20년)(1883.1.27.)
    http://sillok.history.go.kr/id/kza_12001027_001

국사편찬위원회. 「고종실록」(대한광무1년).
    http://sillok.history.go.kr/id/kza_13410013_002(1897.10.13)

국사편찬위원회. 「고종실록」(대한 광무3년).
    http://sillok.history.go.kr/search/searchResultList.do(1899.8.17)

국사편찬위원회. "三·一 獨立宣言 關聯者 訊問調書(高等法院)(國漢文)." 「한민족독립운동사자료집」 12권 3.1운동 Ⅱ.
    http://db.history.go.kr/item/level.do?sort=levelId&dir=ASC&start=1&limit=20&page=1&pre_page=1&setId=162&prevPage=0&prevLimit&itemId=hd&types&synonym=off&chinessChar=on&brokerPagingInfo&levelId=hd_012r_0010&position=51

국사편찬위원회. 「조선총독부 관보」. "백용성 신문조서." 「한민족독립운동사 자료집」 12권(3.1
　　　　운동 II)(1999)

국사편찬위원회. "서울에서 온 1888년 7월 8일자 정치공문(제7호)의 첨부."
　　　　http://db.history.go.kr/item/level.do?setId=3&itemId=hk&synonym=off&chiness
　　　　Char=on&page=1&pre_page=1&brokerPagingInfo&position=2&levelId=hk_012r_00
　　　　10_0110

국사편찬위원회. 「소요사건에 관한 도장관 보고철」.
　　　　http://db.history.go.kr/item/level.do?itemId=pro

"김동환 교령 3·1운동, 천도교가 주도…역사 제대로 전달해야." 「경향신문」(2009.2.27) (인터
　　　　넷판)

"나를 바꾼 건 도문큰스님이었다." 「내일신문」(2009.3.2) (인터넷판)

"남동 박기렴 애국가." 「독립신문」(1896.8.1)

"남명철, 연변의 불교." 「연변문사자료」 8집(1997)

"농상 공부 기사 김하영 애국가". 「독립신문」(1896.9.15)

"농상 공부 주사 최병헌 독립가." 「독립신문」(1896.10.31)

"대각교당 봉불식." 「불교」 40호(1927)

"독립선언서에 서명한 민족대표 33인, 삼일공감." 「3.1운동 100주년기념사업추진위원회 발행」
　　　　(2018.10.25)

"독립운동 자금줄, 함양 '화과원.'" 「중앙일보」(2015) (인터넷판)

"독립운동가 경사 변순기와 봉암 변진설." 「장성군민신문」(2019) (인터넷판)

"동헌태현, 해는 서산에 지는데 동녘 하늘에 달이 솟는구나." 「불교신문」(2016.9.7) (인터넷판)

「디지털진안문화대전」.
　　　　http://jinan.grandculture.net/Contents?local=jinan&dataType=01&contents_id=
　　　　GC05801739

"鹵簿儀節". 「황성신문」(1910.9.9)

"陸軍省(防衛省防衛研究所). 1965. "大正8年乃至同10年共7册其6 朝鮮騷擾事件關系書類(密受
第120号情報共3其3)."
　　　　https://www.jacar.archives.go.jp/aj/meta/image_C06031157500?IS_KIND=summary
　　　　_normal&IS_STYLE=default&IS_TAG_S1=iFi&IS_KEY_S1=F200705011424307187&

"만해가 어머니라면 용성 조사는 아버지." 「내일신문」(2009.3.2) (인터넷판)

"本會 第一回 紀念式 祝辭". 「대한협회회보」 제8호(1908.11.25)

"무아의 사상으로 희생해야 마음이 합쳐진다." 「내일신문」(2009.3.2) (인터넷판)

「매일신보」(1910.9.3)

"민족 정신 담아낸 3.1운동, 불교 포용력 덕분." 「법보신문」(2016.2.17) (인터넷판)

"북청 금광 대리인 백상규 해임 취지 신고." 「조선총독부 관보」. 1903호 6면(1918.12.11)

"백여 승려 연명으로 범계생활 금지 진정." 「동아일보」(1926)

법륜스님. 도문스님 인터뷰. 부산:중생사(2019.2.5)

"법보 종찰의 위엄한 자비." 「전라일보」(2018.3.8) (인터넷판)

"불전(佛前)에 귀의하고 70여세 되니, 불(佛)세계로…" 「불교신문」(2016.2.15) (인터넷판)

"[사설]전라감사 이서구, 그는 누구인가." 「새전북신문」(2014) (인터넷판)

"삼일절에 기억해야 할 또 한분 백용성 스님." 「우리문화신문」(2014.2.28) (인터넷판)

"세속의 권력에 줄서지 않겠다." 「내일신문」(2009.11.16) (인터넷판)

"손병희 묘 곁으로 간 천도교 별관 [봉황각─그날의 함성 되새기는 삼·일 운동]." 「중앙일보」
       (1970.2.28)

"손수 풍금치며 아이들 찬불가 가르친 용성스님." 「불교신문」(2019.1.14) (인터넷판)

"순교자 피 머금고 핀 불교, 그러나 기억되지 않았다." 「법보신문」(2017.2.20) (인터넷판)

"스님들 과수원 일궈 돈 마련… 불상·쪽박에 숨겨 임정 전달." 「중앙일보」(2015.8.15) (인터넷판)

"아주스페셜─영원한 청년 의사 윤봉길 1-19." 「아주경제」(2018.8) (인터넷판)

"용성 스님 유허지 함양 '화과원' 전모 밝힌다." 「법보신문」(2017.11.27) (인터넷판)

"용정대각교에 대한 경성본부에서 해산명령." 「간도신보」(1938.4.12)

"역사는 사실 기록이 아니라 역사가의 '상상게임' 이다." 「조선일보」(2006) (인터넷판)

"역사의 증인, 마지막 상궁 성고불화 보살." 「불교신문」(1992) (인터넷판)

"영·정조도 쓰던 말 '백성의 나라' … 실학은 '양반 편애'." 「중앙선데이」(2018.5.19) (인터넷판)

"용성 스님이 대처육식을 반대한 까닭은." 「불교닷컴」(2013.6.10) (인터넷판)

윤병석. 「한민족백과사전」.
       http://encykorea.aks.ac.kr/Contents/SearchNavi?keyword=%ED%95%AD%EC%9D%
       BC%EC%9D%98%EB%B3%91&ridx=1&tot=682

이승원. "〈대한매일신보〉, 전투적 민족주의의 불을 지피다." 「古典의 숲속으로」

이현희. 1995. "윤봉길(尹奉吉)." 한국민족문화대백과사전
       http://encykorea.aks.ac.kr/Contents/Item/E0042345

"이 시대가 요구하는 한국 불교의 역할." 「불교포커스」(2018.11.6) (인터넷판)

"이제 화두는 우리가 추구해야 할 국가적 가치다, 용성스님 일대기." 「불교신문」(2018.6.11)
       (인터넷판)

"이것이 한국 불교 최초 어린이법회." 「법보신문」(2009.8.10) (인터넷판)

"일제의 불교 세속화에 맞서 한국 근대 불교의 새벽을 열다." 「중앙일보」(2010.3.7)

"자랑스런 우리 국기, 우리 태극기." 「대한역사박물관」.

　　　https://muchkorea.tistory.com/857

"第一復員局調整. 1951. "吉林 間島' 通化三省治安肅正의 大要. 昭和14年10月~16年3月." 「防衛
　　　省防衛研究所」 https://www.jacar.archives.go.jp/aj/meta/MetSearch.cgi

"천도교-기독교 힘 합칩시다… 초유의 종교연대 운동 성사." 「동아일보」(2018.5.19) (인터넷판)

"태극기를 만든 사람은 박영효가 아니라…." 「조선일보」(2016.3.2) (인터넷판)

"태극기 창안자는 박영효 아닌 이응준." 「조선일보」(2008.5.29) (인터넷판)

"평양 보통문안 리영언 애국가." 「독립신문」(1896.9.10)

"평양 학당 김종섭 애국가." 「독립신문」(1896.9.5)

「한국사콘텐츠」. 팔만대장경 [八萬大藏經]: "국력의 상징, 천년의 유산".

　　　http://contents.koreanhistory.or.kr/id/R0010

"해방 직후 대각사 방문 백범 김구 사진 발굴." 「불교신문」(2017.2.26) (인터넷판)

홍범도기념사업회. 2005. "소개." 홍범도 장군.

　　　http://www.hongbumdo.org/contents/intro/intro_1.html

phillip. "천도교인이었던 윤봉길 의사." 「가야산 순례길 따라 역사와 문화 이야기」.

　　　http://m.blog.daum.net/woolees7/15019175?tp_nil_a=1(2013)

국공립문서관 「아시아역사자료센터」. https://goo.gl/sU8Z2R

국립중앙도서관 「대한민국 신문 아카이브」 http://www.nl.go.kr/newspaper/

국사편찬위원회 우리역사넷. http://contents.history.go.kr/front

국사편찬위원회. 한국사데이타베이스. http://db.history.go.kr/

네이버 국어사전 https://ko.dict.naver.com/#/main

두산백과 http://www.doopedia.co.kr/

시사상식사진-네이버 지시백과

　　　https://terms.naver.com/list.nhn?cid=43667&categoryId=43667

한국민족문화대백과사전 http://encykorea.aks.ac.kr/

한국사 컨텐츠 http://contents.koreanhistory.or.kr/

한국민족문화대백과사전. http://encykorea.aks.ac.kr/

독립운동가 백용성

잊혀진 100년의 진실

1쇄 발행	2019년 2월 27일
2쇄 발행	2021년 8월 30일
3쇄 발행	2024년 4월 30일

엮은이	백용성조사기념사업회
펴낸이	김정숙

구술·증언	도문
기획·편집	권영선, 이새롬, 백왕순, 이승용
조사	박정태, 박영숙, 서은실, 송치현
교정·교열	이원경
디자인	조완철
제작	이상옥
지원	이영재, 유미경, 서민정, 최병현

펴낸곳	정토출판
등록	1996년 5월 17일(제22-1008호)
주소	06653 서울특별시 서초구 효령로51길 42(서초동)
전화	02-587-8991
전송	02-6442-8993
이메일	jungtobook@gmail.com

ISBN 979-11-87297-64-2 03220

Copyright ⓒ 2019 정토출판

이 책 내용의 일부 또는 전부를 재사용하려면 반드시 정토출판의 동의를 얻어야 합니다